グローバル・サプライチェーン・マネジメント入門

横田一彦 編

Introduction to Global Supply Chain Management

Yuhikaku

有斐閣

はしがき

　近年，地球上のさまざまな国や地域で分業が進み，商品の原材料や部品が複数の国を経由して別の場所で組み立てられ，世界中の市場で売られています。これを可能にしているのが国境を越えた複数の企業のネットワーク，すなわちグローバル・サプライチェーン（GSC）です。**グローバル・サプライチェーン・マネジメント（GSCM）は，GSC 全体の最適化をめざす戦略的アプローチです。**

　GSCM は陸海空の輸送業や物流・倉庫業といった業界だけに関係しているわけではありません。企業の規模にかかわらず，すべての企業が直接的あるいは間接的に世界につながっている現在，GSCM を理解し適切に実施することが企業の命運を握るほど重要になっています。ある程度大きな企業になれば自社内に GSCM の部署があります。この部署では企業内の在庫調整や輸配送の手配だけでなく，外部企業とのサプライチェーンの構築や全体のマネジメント，サプライチェーンの維持・拡大を仕事としています。つまり原材料の調達から，最終的に消費者へ製品やサービスが届くまでのすべての工程にわたる企業ネットワーク全体を統括することが，GSCM の部署の目的といえます。アップルもアマゾンもマクドナルドも，ユニクロもトヨタも，GSCM 部門が機能しなくなったら企業活動が止まってしまいます。

　実際，GSCM を重視しているアメリカ企業には GSCM 部門出身の CEO（最高経営責任者）が多くいます。たとえば，アップルのティム・クック CEO，ビジネス機器大手ゼロックスのアーシュラ・バーンズ元 CEO，世界最大の小売企業ウォルマートのダグ・マクミロン元 CEO などは GSCM 部門出身の人たちです。

　グローバルな競争市場において，企業が利潤を生むだけでなく社会に貢献するためにも，効率的で効果的なサプライチェーンの構築と維持が不可欠です。GSCM はこれから世界を舞台に活躍しようとする若い人たちにとって必要不可欠な知識であり，実際，アメリカや欧州だけでなく，シンガポール，香港，中国のトップ・ビジネススクールでは GSCM のプログラムが必ずといってい

いほど用意されています。世界にはサプライチェーン・マネジメント学部を設置している大学も多数あります。

　しかしながら，これまで日本では GSCM に関する高等教育は重要視されてきませんでした。それは GSCM が物流業界だけの限られた話で，物流業界は裏方の地味で特殊な職種だと思われてきたからです。ところが現在ではその認識も変化してきています。2020 年に全世界を襲った新型コロナウイルスは，私たちが生きていくために必要不可欠な仕事（エッセンシャル・ワーク）とは何かを明確にしました。医療，介護，保育，小売り，ごみ収集・清掃・交通・水道・電気などの公共サービスと並んで，物流が私たちの生活の生命線であることが改めて認識されました。GSC が麻痺すれば私たち消費者の手に商品が届かないだけでなく，半導体の貿易が遮断され，スマートフォンや家電や自動車をはじめとしてほとんどすべての企業における生産活動がストップしてしまいます。

　GSCM は世界経済のメカニズムに組み込まれた戦略的アプローチでもあります。製品も人も情報も国境を越えて容易に移動する，現代の開かれた世界で働く人々にとって，いまや世界経済に関する広い知識と企業単位の戦略の実践との融合が必要とされています。その意味で，この教科書は大学や大学院で学ぶ学生だけでなく，現在 GSCM に携わっている人，GSCM を学び直そうとしている人にも有益な知識をもたらすはずです。

　本書では GSCM に関する次の 6 つの課題を検討します。
　①製品とサービスの供給全体の最適化を達成するにはどうしたらよいか
　GSCM は，製品やサービスの供給を，迅速かつ効率的に行うためのプロセス全体の最適化をめざしています。そのための計画の作成，調整，監視，在庫の最適化をどうしたら達成できるのか。
　②顧客満足度を向上させるにはどうしたらよいか
　GSCM は顧客の要求に迅速かつ的確に対応することをめざしています。どうしたら製品の期限内の納入と品質を確保し，顧客満足度を向上させることができるのか。
　③リスク管理を強化するにはどうしたらよいか
　GSC は地理的，政治的，経済的なリスクにさらされる危険性があるため，リスクを正確に評価し，適切な対策を講じることが必要です。そのためにどの

ようにサプライヤーを選択し，リスクを予測したらよいのか。

④グローバル競争力を向上させるにはどうしたらよいか

GSCM は企業の国際的な競争力を向上させることを目的としています。どうすれば新たな世界市場を開拓し，競争優位性を獲得することができるのか。

⑤持続可能性を確保するにはどうしたらよいか

GSCM はサプライチェーン内の環境や人権に対する配慮を徹底することをめざしています。では，どうやってエネルギー効率を向上させ，廃棄物を管理し，環境や人権に配慮したサプライヤーを選定することによって持続可能な経営を達成するのか。

⑥産業を越えた企業間のパートナーシップを強化するにはどうしたらよいか

GSCM は複数のパートナーが連携して機能するネットワークなので，他企業とのパートナーシップを構築し，相互信頼と協力関係を維持・強化する必要があります。では，どのように情報を共有しコミュニケーションを改善し，パートナーとの協業を進めたらよいのか。

これらの GSCM の基本的な課題を考察することで，**企業の成功のための条件だけでなく，企業活動が社会全体に与える影響を理解することが可能になります。**

本書は 3 部から構成されています。第Ⅰ部は GSCM の基礎理論，第Ⅱ部は GSCM の実際的な運用と課題，第Ⅲ部で GSCM の社会的役割を説明します。第Ⅰ部の理論編では，第 1 章で GSCM をマクロの視点から解説し，第 2 章で GSCM が成立する根本的な原理である比較優位の考えと多国籍企業の理論について説明します。比較優位の考えは世界経済がゼロサム・ゲームではないことを保証する重要な定理です。第 3 章では豊富なケーススタディを用いてミクロ（企業）の視点から GSCM 戦略を解説します。第 4 章では効率的な国際輸送のネットワークをデザインするための理論を提示します。第 5 章と第 6 章では GSCM の基礎である在庫管理の理論と需要予測についてそれぞれ説明します。

第Ⅱ部では，企業が GSCM を運用する際に直面する問題を解説します。第 7 章では輸送モード（船舶，航空機，鉄道，トラックなど）の選択について説明し，第 8 章ではケーススタディをもとに実際の企業経営の GSCM についての問題点と解決策を提示します。とくに GSCM の新しい業務モデルであるローリング型の戦略実行計画（S&OP）を紹介します。第 9 章では GSCM を評価するた

めのさまざまな指標（KPI）を解説します。実際の GSCM はこれらの指標に基づいて適切に実施される必要があります。

　第Ⅲ部では，現代の GSCM が直面し解決しなければならない地球規模の課題を扱います。第 10 章では GSCM の脆弱性を克服するためのリスク・マネジメントについて，第 11 章では持続可能な開発目標（SDGs）と GSCM の関連についてそれぞれ考察します。最後に，第 12 章では GSCM が地球環境問題にどのようにかかわっているか，その解決のためにできることは何かを考えます。第Ⅲ部が重視していることは，GSCM が企業の効率性や利益だけを対象にしているのではなく，地球全体の課題解決に役立つ考え方であるという点です。

　本書は講義で使用したり独習したりするときのために，最初に「学習の目的」を簡潔に記しました。各章を読み始める前に，学ぶ対象を明確にすることができます。また章末に「レビュー・クエスチョン」を設けました。講義でのグループワークや宿題に，あるいは独習には理解の確認のためや自主研究の課題として活用してください。

　また，本書は現在 GSCM について知っておくべき最も重要なトピックから成り立っています。読者の皆さんには本書を通じて，**世界を理解し，よりよくするための知的な手段を獲得してほしいと思います。**

　本書が完成するまでには多くの方々の協力が必要でした。なかでも，すべての章を読み，詳細な修正意見や大学生の視点からの率直なコメントをくれた早稲田大学商学部横田ゼミの池淵望さん，鈴木萌乃佳さん，館彩子さんに感謝します。

　有斐閣の長谷川絵里さんは，日本での GSCM 教育の遅れに危機感を抱いた著者たちの思いを汲んで，教科書が売れない時代に有斐閣の企画会議で本書の企画を通すために奮闘してくれました。そして企画段階から著者たちに並走し，何度も適切なコメントで著者たちを正しい軌道に戻してくれました。深く感謝します。

　　　2024 年 3 月

　　　　　　　　　　　　　　　　　　　　横 田 　一 彦

執筆者紹介

＊執筆順

横　田　一　彦（よこた　かずひこ）　編者　はしがき，第1，2，5章

早稲田大学商学学術院教授・次世代ロジスティクス研究所所長。University of Colorado at Boulder, Ph.D. in Economics
〈主要著作〉"Lewis Growth Model and China's Industrialization,"（共著）*Asian Economic Journal*, Vol. 22, No. 4, 359-396, 2008; "Corruption and Global Value Chain,"（共著）Peking University-Waseda University Joint Research Initiative ed., *Renewing Governance Mechanism in Asia-Pacific*, Waseda University Press, 2024.

藤　野　直　明（ふじの　なおあき）　第3，8章

株式会社野村総合研究所シニアチーフストラテジスト，早稲田大学理工学術院大学院（情報生産システム研究科）客員教授。東京大学大学院工学系研究科博士課程先端学際工学専攻単位取得退学
〈主要著作〉『サプライチェーン経営入門』日本経済新聞社（日経文庫），1999 年；『小説 第4次産業革命』（共著）日経 BP 社，2019 年

石　井　伸　一（いしい　しんいち）　第4，9章

城西国際大学大学院国際アドミニストレーション研究科教授，早稲田大学研究院総合研究機構招聘研究員。北海道大学大学院工学研究科博士後期課程単位取得退学，博士（工学）
〈主要著作〉『経営戦略としてのロジスティクス』（分担執筆）社会経済生産性本部，2005 年；*Its for Freight Logistics*,（分担執筆）The Institution of Engineering and Technology, 2023.

渡　部　大　輔（わたなべ　だいすけ）　第6，10，11，12章

東京海洋大学学術研究院流通情報工学部門教授。筑波大学大学院システム情報工学研究科博士課程修了，博士（工学）
〈主要著作〉『グローバル・ロジスティクス・ネットワーク』（分担執筆）成山堂書店，2019 年；『新国際物流論』（共著）晃洋書房，2022 年

岩　間　正　春（いわま　まさはる）　第7章

早稲田大学研究院総合研究機構招聘研究員。早稲田大学アジア太平洋研究科博士課程認定修了
〈主要著作〉『アジア共同体』（分担執筆）蒼蒼社，2013 年；『グローバル・サプライチェーンロジスティクス』（共編著）白桃書房，2017 年

v

目　次

第 I 部　GSCM とは何か

第II部　GSCMの実際

第 III 部　GSCM の現代的課題

Column

第 Ⅰ 部
GSCM とは何か

第1章
グローバリゼーションと GSCM

学習の目的
- ☐ GSCM とは何かを学びます。
- ☐ 物流，ロジスティクスと GSCM の考え方の違いを理解します。
- ☐ GSCM の経営戦略上の特徴を理解し，GSCM が新しい概念であることを考察します。

Keywords ——
　GSCM，物流，ロジスティクス，顧客価値，リードタイム

1　GSCM とは

　グローバリゼーションとは，モノ（製品）・ヒト（人間）・情報がこれまで以上に国境を越えて移動するだけでなく，さまざまな問題が瞬く間に国境を越えて多くの国に影響を与える現象のことをさします。二酸化炭素（CO_2）排出による地球温暖化，異常気象といった環境問題や，戦争や紛争による難民の発生，新型コロナウイルスなどの感染症の影響は国境をたやすく越えて拡大します。これらは経済がグローバル化し，多くの人が世界中を容易に移動できるようになった結果です。一方で，世界中で環境問題の情報を共有することによって世界共通の対策を話し合うことが可能になり，新型コロナウイルスのワクチンに関する情報が瞬時に世界を駆け巡り予防に役立ったこともグローバル化の一面です。

　現在，私たちが購入し使用している製品の多くがさまざまな国の材料や部品を使い，海外で生産されたものです。たとえば，私たちの着ている衣服の綿や

麻の天然素材，ポリエステル，ナイロンなど化学繊維の多くは中国やインド，アメリカで生産されたあと，バングラデシュやベトナムなどの賃金の安い発展途上国で縫製され日本に輸入されています。アップル社のiPhoneは，アメリカ，日本，台湾，韓国，ドイツなど複数の国で生産された部品が中国やインドで組み立てられて，アメリカをはじめ世界に完成品が輸出されています。このように，私たちの身の周りにあるものの多くはすでに多国間の分業体制によって生産されています。

　グローバル・サプライチェーン・マネジメント（GSCM）とは，このようなグローバリゼーションという現象のなかで，原材料の調達から生産，輸送と配送（輸配送）を通じて最終消費者へ製品が届くまでの全過程を最適化する経営上の枠組みのことです。全過程の最適化とは，調達・生産・輸配送にかかるトータルの時間（これをリードタイムといいます）を最短にし，費用を最少化（効率化）するだけでなく，その間に存在するさまざまなリスクを管理し，環境に与えるマイナス要因を極力排除し，そこに多くの付加価値を創造することを意味します。本書では，GSCMを成立させるために世界に張り巡らされたグローバルなサプライチェーン（SC，供給網）のことをグローバル・サプライチェーン（GSC），国内に限ったサプライチェーン・マネジメントをSCMと表記します。

　製品が国境を越える場合，通常国内よりも移動が長距離になります。長距離になればそれだけ事故・破損・盗難・遅延などの危険性が高くなります。さらに，製品の国際移動には，国内の生産・物流・販売のサイクルとは比較にならないほど多くの障壁や制約があります。たとえば，国際間の取引では輸出許可証，為替手形，海上保険，原産地証明といったきわめて多数の書類を作成しなければなりませんし，言語が違えばそれぞれの書類の翻訳も必要になります。自国銀行だけでなく海外銀行との取引も必要になるでしょう。鉄道による輸送では，国によって鉄道のレールの幅（軌間）が違えば，国境で荷物を積み直す必要があります。トラック輸送の場合も，国が違えば左右の通行方向や荷台の規格が違ったりします。運転免許証も異なるので，外国の運転免許証をもっていない限り，そのままでは運転ができません。このように，GSCMはSCMに比べはるかに複雑なマネジメントが必要になります。

　本章では，まず類似した概念である物流，ロジスティクスとGSCMの考え方の違いを説明し，次にGSCMの経営戦略上の特徴を解説し，GSCMがこれまでになかった新しい概念であることを示します。

2　物流，ロジスティクス，GSCM

2.1　物　　流

物流（physical distribution）とは物的流通の略語で，製品が生産され私たちの
もとに届くまでの過程を意味します。もし消費者が何かを購入するためにお店
に行った際，そこに欲しい商品がなかったら，他の店で買う，他のブランドで
代替する，同じブランドの他の商品を買う，購入を遅らせる，購入しない，の
うちのどれかを選択することになります。「他の店で買う」場合，そのお店の
損失になり，「他のブランドで代替する」場合，そのブランドの生産者の損失
になります。また最後の「購入しない」という選択はお店と生産者双方にとっ
ての損失になります。物流は消費者にとってだけでなく，生産者や小売りにと
ってもきわめて重要です。ここで，通常「製品」は工業製品や中間財を含む生
産された財を意味し，「商品」は販売を目的とした最終消費財を意味します。
しかし，本書を通じてとくに断らないかぎり，製品と商品を厳密には区別せず
に用います。

　製品は一般に次の図1-1のような過程を経て私たち消費者の手に届きます。
　図1-1の左（川上）から右（川下）へ，製品を生産者から消費者に届ける直
線上の一連の活動あるいは状態のことを，広い意味で物流といいます。そこに
は調達や生産といった活動も含まれます。しかし，狭義の物流の定義は図1-
1の調達や生産を除いて，輸配送，そして保管・管理といった，製品を川上か
ら川下へ届ける一連のサービス活動をさします。物流業界といった場合はこの
狭義の定義を使うことが一般的です。本書では物流をこの狭い定義で使います。
1つひとつの活動は別の企業によってなされている場合もあれば，1つの企業
がいくつかの活動を担っている場合もあります。注意してほしいことは，物流
という言葉自体には最短時間とか最も安い費用といった経営学上の価値判断は
含まれていないということです。あくまでもその一連のサービス活動をあらわ
す言葉です。

　物流にはおもに，①輸配送，②保管，③荷役（にゃく），④包装（パッケージング），⑤
流通加工，⑥情報共有という6つの機能があり，それぞれに費用が発生します。
それぞれの機能について簡単に説明しましょう。

　①輸配送：輸送とは比較的長い距離を運ぶ場合（コンテナ船，飛行機，鉄道な

図1-1 物流（製品の流れ）

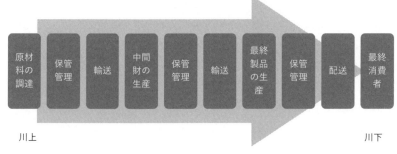

川上　　　　　　　　　　　　　　　　　　　　　　　　　　　　　川下

出所：筆者作成。

どによる輸送），配送とは配送センターなどの拠点から最終消費者に製品を届け
る比較的近い距離の場合をさします。2つを併せて輸配送といいます。

②保管：倉庫や物流センターで一時的に製品をとどめておくことで，在庫と
して保有する場合もあります。保管する間は製品の価値を維持するための管理
が重要になります。たとえば，食品などの腐敗する製品の場合には冷蔵や冷凍
機能をもつ倉庫が必要になります。

③荷役：次の一連の作業を含む全体をさします。輸送に使用した船や飛行機
や車両から荷物を下ろし，倉庫に搬入する「入庫」，倉庫内や敷地内を移動さ
せる「運搬」，決められた保管場所（棚など）におく「棚入れ」，棚から取り出
す「ピッキング」，種類や配送先別に分類する「仕分け」，配送のため出荷伝票
に基づき荷物を1カ所に集める「集荷」があります。

④包装（パッケージング）：輸配送段階での破損を防ぐため，あるいは製品を
より魅力的にするために製品を梱包する作業のことをさします。

⑤流通加工：製品の箱詰め，異なる製品の詰め合わせ，値札付け，あるいは
簡単な製品の組立などを物流センター内で行うことを意味します。

⑥情報共有：在庫把握のための情報，輸送のためにトラックを手配する配車
やドライバーの情報を管理して，時間と費用の面でより効率的な物流をめざす
ための機能です。次に解説するロジスティクスはこの情報機能が格段に進んだ
ケースといえます。

ちなみに倉庫が荷物を単に保管する場所をさすのに対し，物流の6つの機能
の②から⑤までを行うことができる倉庫のことを物流センターといいます。物
流センターには荷物の積み替えに特化したトランスファー・センター（TC），

積み替えのほかに保管機能があるディストリビューション・センター（DC），一定温度管理下で保管したり，製品の組み立て，加工などができるプロセス・ディストリビューション・センター（PDC），インターネットを通じた通販（Eコマースないし EC といいます）の受注・検品・出荷・返品などの総合的業務を行うフルフィルメント・センター（FC）などがあります。

2.2　ロジスティクス

ロジスティクスとは，原材料，部品，在庫の購入，輸配送，保管といった企業活動の（広い意味での）物流プロセス全体を戦略的に管理し，費用を節約し，最短のリードタイムで現在と将来の企業利益を最大化する活動のことです。いいかえると，ロジスティクスは物流を1つの構成要素として，情報によって全体を管理する体制のもとで企業利益の最大化を図るより広いマネジメントのことを意味します。この意味で，単に製品が生産され私たちのもとに届く過程の状態をあらわす物流とは異なり，ロジスティクスには企業利益を最大化するという経営上の価値判断が介在します。また，1つひとつのプロセスが個別企業によって担われている場合も，大きな企業がすべてのプロセスを統括している場合もあります。一般にロジスティクスが対象としているのは後者の場合で，1社で川上から川下までの情報を把握することが前提です。ロジスティクスのイメージは図1-2のようになります。図中の矢印は情報をあらわしています。図を簡単にするために保管業務は省いています。ロジスティクスでは各フェーズで担当者同士が緊密に情報をやりとりするほか，本社が全体の情報を把握・統制し，川上から川下までの全体の最適化を図ります。

　ロジスティクスの1つの例として，1980年代にアパレル企業の GAP が始め，その後日本のファーストリテイリング（ユニクロ）が採用した SPA（Specialty store retailer of Private label Apparel の略で「製造小売り」と訳されています）があります。SPA とは，企画・開発，原材料の調達から，生産，在庫管理，販売までをできる限り自社企業内で行う方式のことです。ファーストリテイリングの SPA の場合，生産はアジアの他企業に委託し，輸送もアウトソースしますが，一貫して情報を自企業内で管理し，すべての製造工程をコントロールしています。SPA の最大の利点は川下の需要動向をいち早く川上の生産ラインに伝達・反映できる点にあります。アパレルのように流行が頻繁に変わる製品の場合，この点はとくに重要です。

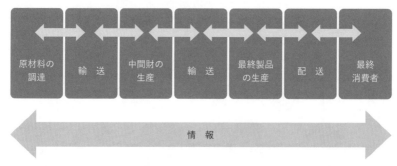

図1-2　ロジスティクスのイメージ

原材料の調達　　輸送　　中間財の生産　　輸送　　最終製品の生産　　配送　　最終消費者

情報

出所：筆者作成。

2.3　GSCM

　ロジスティクスと GSCM の最も大きな違いは 2 点あります。第 1 に，ロジスティクスは費用の最小化とリードタイムの最短化によって利益を増大させることに主眼がおかれているのに対し，GSCM は物流プロセスのなかにおいてさえも顧客価値を増大させ，物流プロセス上で生じる悪影響を最小化するという目的をもっている点です。顧客価値については次節で説明します。

　これまで長い間，輸配送，保管，荷役，梱包などの物流活動は企業にとって費用でしかないと考えられてきました。たとえばロジスティクスの目的は，物流の効率化や，正確性の向上，在庫管理などによる費用の最小化でした。GSCM はこれらに加え，製品の生産から最終顧客に至るまでに，開発・調達・生産・流通・販売の各プロセスで顧客に対する価値を最大化する経営活動です。

　第 2 に，GSCM が海外アウトソーシングを有効に活用したネットワークである点です。情報通信技術（ICT）の発達によって，海外の他企業の情報が容易に得られるようになったことで，生産・業務委託（アウトソース）が可能になりました。GSCM とは，他企業とそのネットワークを巻き込んだ国際的な供給のネットワークであるということができます。

　広大なネットワークになればもはや一企業で統括することは難しくなります。供給者から最終消費者まで，材料や製品と情報の流れを協力して統制・経営・改善する，独立した組織のネットワーク同士のつながりが GSC だといえます。つまり GSCM とは，他企業とのネットワークをもとに，多くの活動をアウトソースすることによって顧客価値の最大化を達成しようとする経営手段のこと

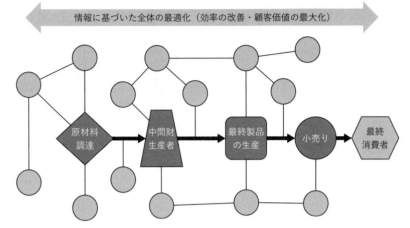

図 1 - 3　GSCM のイメージ

情報に基づいた全体の最適化（効率の改善・顧客価値の最大化）

原材料調達　中間財生産者　最終製品の生産　小売り　最終消費者

出所：筆者作成。

です。

　図 1 - 3 は GSCM のイメージです。GSCM では，原材料の調達から最終製品が最終消費者にわたるフェーズまでの全体最適化をめざしていますが，川上から川下までの流れのさまざまなフェーズのなかの○で示される企業はアウトソース先をあらわしています。また GSCM では，原材料調達から最終消費者までの流れのすべてを一社で統括している場合もあれば，そのうちのどこかの 1 つの役割を果たしているにすぎない場合もあります。

　たとえば，図 1 - 3 の GSCM の統括企業が最終製品の生産者だとすると，原材料調達，中間財生産，小売り，そしてその間の輸配送の一部あるいはすべてをアウトソースしている場合もあります。そのアウトソース先のそれぞれの企業がさらに他の企業に鎖状につながっている様子をあらわしています。アップル社の GSCM では，アップル社は iPhone のコンセプトやデザイン，マーケティングやアフターサービスを担当し，その他の工程のほとんどすべてをアウトソースしています。

3　顧客価値

　GSCM にとって重要な概念が顧客価値です。**顧客価値**とは，購買者がその製

図 1-4 顧客価値，利潤，費用

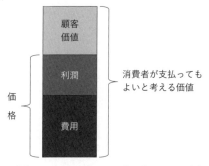

出所：Hill, Schilling and Jones［2020］Figure 3.2 をもとに筆者作成。

品を買ってよかったと感じる満足度の大きさで，顧客満足度といっていいかもしれません。この顧客価値が他の類似した製品よりも大きければ，その製品が好まれ需要が増大します。図 1-4 は顧客価値，利潤，費用の関係をあらわしています。

　まず，製品の価格は生産に要した費用に利潤を上乗せしたものです。しかし，消費者がその製品に支払ってもよいと考える価値が価格よりも小さければ，誰もこの製品を買いません。買う価値がないと判断するからです。反対に，消費者が支払ってもよいと考える価値が価格を上回れば，消費者はこの製品を買ってよかったと思うはずです。この「買ってよかった（得をした）と思う」部分を顧客価値と名付けます。顧客価値を増大させるためには，消費者が支払ってもよいと思う価値を高める必要があります。そして，価格（費用＋利潤）がそれよりも十分に低いことが必要です。また，企業の利潤を大きくするためには消費者が支払ってもよいと考える価値が高い必要があることもわかると思います。

　顧客価値を以下の式で定義しましょう。

$$顧客価値 = \frac{差別化による価値 \times サービスによる価値}{取引費用 \times リードタイム}$$

　この式から，差別化による価値とサービスによる価値のいずれかあるいは両方が大きければ大きいほど，取引費用とリードタイムのいずれかあるいは両方が小さければ小さいほど，顧客価値は上昇することがわかります。

差別化による価値とは，品質，機能，デザイン，ブランドなどによる価値を，サービスによる価値とは，在庫切れがないこと，十分なアフターサービス，予定どおりの配送，商品の破損などに対する必要な保証，苦情やクレームに対する適切な対応などによる価値をさします。すなわち高い顧客価値のためには，製品の差別化による価値とその製品に付随するサービスが重要であることになります。

　取引費用とは，生産者と顧客の間で取引する際にかかるすべての費用のことをさします。たとえば，輸送費のほかにも，書類の作成，通信費用，翻訳，取引相手を探す費用，契約をスムーズにするために雇う専門家（弁護士など）にかかる費用があります。近年の取引費用は，オンライン決済の普及や ICT の発達で著しく低下傾向にあります。**リードタイム**とは，すでに説明したように，原材料の調達・生産から最終消費者へ製品が届くまでの時間です。

　GSCM では，物流段階でサービスによる価値を高め，取引費用とリードタイムを短くすることによって顧客価値を増大させることができると考えます。図1-5はそれを示しています。横軸はリードタイムを，縦軸は顧客価値を示します。GSCM 以前の物流の考え方（図の下のグラフ）によると，保管管理と輸配送の段階では顧客価値を生み出さないことになっていました。そこで，図ではその段階は，顧客価値がフラットに描かれています。しかし，GSCM の考えでは，製品の移動や保管管理は単なる費用ではなく，サービスの改善によって顧客価値を増大させ，かつリードタイムを短くすることができるのです。その結果，リードタイムと顧客価値の関係は，保管管理や輸配送の段階でも右上がりでかつ短くなることによって，全体として左上方にシフトします。

　では，どうやって物流過程で顧客価値を増やすのでしょうか。たとえば，冷凍や冷蔵状態で配送するサービスや配送の時間指定，置配の選択，包装紙やカードのカスタマイズなどは商品を届ける際の顧客価値を高めています。

　ファッション通販サイトの ZOZOTOWN は，メーカー（ブランド）から値段の変更が可能な商品の販売を受託し，ファッションに特化した EC サイトを展開しています。ZOZOTOWN ではモデルを使って洋服のコーディネートなどの情報を発信していますが，そのための撮影はすべて倉庫内で行われています。また，消費者にブランド間の比較やサイズの統一基準を提示するサービスにかかわる作業も倉庫内で完結しています。このように倉庫で在庫を保管するだけでなく，顧客価値を高めているのです。

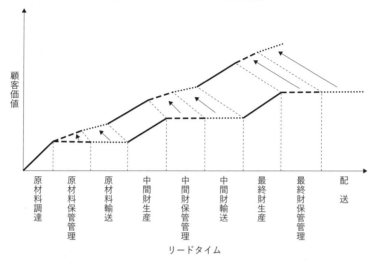

図1-5 リードタイムと顧客価値

顧客価値

原材料調達
原材料保管管理
原材料輸送
中間財生産
中間財保管管理
中間財輸送
最終財生産
最終財保管管理
配送

リードタイム

出所：Christopher［2016］Figure7.12, Rushton Croucher and Baker［2017］Figure7.7 を参考に筆者作成。

　ヤマトホールディングス（HD）の羽田クロノゲートと呼ばれる最先端の物流施設は，単なる物流を担っているだけではありません。施設内でヤマトHDの社員が家電製品の修理をメーカーに代わって行い，メーカーへの転送や返送作業の手間を省いています。また企業向けのスマートフォンやパーソナル・コンピュータ（PC）の初期設定（キッティング），病院で使用される手術などの医療器具の洗浄や仕分け・配送も行っています。さらにクロノゲートには通関機能があり，製品の海外との輸出入に対応しています。このようにクロノゲートは単に在庫を保管する倉庫ではなく顧客価値を生み出す施設になっています。

　GSCMの基本的な戦略として，マス・カスタマイゼーション戦略があります。これは，大量生産と多品種生産を同時に実現できる戦略で，遅延差別化戦略とも呼ばれます。アメリカのPC製造販売会社Dellは，オンライン上で顧客のニーズや好みに合わせたさまざまなスペックのPCを直接購入できる仕組みをつくりました。顧客はオンライン・チャットやカスタマーサービスの電話を通じて好みのOS，CPU，メモリ，ストレージなどを選択し，カスタマイズしたPCを注文できます。これが可能になった背景にGSCMがあります。PCの型や画面サイズはほぼ決まっていますので，基本的な統一規格の部品を先に大量生産ないし在庫としてもっておき，注文に応じ部品の組み合わせによる差

別化された PC を製造販売します。このように初期の工程では統一規格の部品の大量生産を行い，部品の組み合わせによる差別化の作業を製造工程の後期に行うことで，大量生産でありながら差別化することを可能にしています。

この戦略は多くの自動車企業でも取り入れられています。自動車の構造は規格（排気量とサイズ）や用途，車種によってほぼ決まっており，ここまでの工程では大量生産が可能です。ボディカラー，インテリアカラー，音響機器を含めたさまざまな内装，2WD か 4WD か，AT 車か MT 車かといったオプションを生産工程の後方にもっていくことで，大量生産と差別化を両立させています。このマス・カスタマイゼーションは大量生産と差別化だけでなく，必要な部品を必要なときに発注することによって在庫の縮小にも役立っています。

4　GSCM と経営戦略

顧客価値を経営戦略のなかに位置づけると，GSCM の特徴がより明確になります。伝統的な経営戦略は 3 つのレベルで構成されます。会社全体の方向を決める M＆A（企業の合併・買収）や多角化などの全社戦略，事業分野ないし製品ごとの競争（事業）戦略，そして調達，企画，生産，販売といった機能戦略の 3 つのレベルです。このうち競争（事業）戦略は差別化とコスト・リーダーシップという 2 つの概念で分析されることが一般的です。他企業との競争で，低価格競争に巻き込まれずに利益を上げるためには製品が差別化されている必要があります。自社の製品が機能やブランド，デザインなどで差別化されていれば，価格を少し上げても顧客は他社の製品を買わず，気に入っている自社の製品を引き続き購入してくれるからです。またコスト・リーダーシップとは，生産技術や原材料の調達で有利な立場にある場合，生産コストを他社よりも低くでき，その分利益を大きくできる戦略のことです。図 1 - 6 は，製品の差別化とコスト優位性から製品の競争優位が構成される競争戦略をあらわしています。差別化の程度が高く，コスト優位性のある製品は競争優位をもち，市場シェアの獲得や大きな利潤をもたらしてくれます。逆に左下のコモディティ化とは新規参入した製品との差別化が図れなくなったり，コスト優位性がなくなったりした結果，競争力を失い，低価格競争に陥ってしまうことを意味します。この低価格競争下では利益が見込めず市場からの撤退を余儀なくされます。

図 1 - 7 は，従来の経営戦略の考え方に GSCM の顧客価値を加えたものです。

図1-6　GSCM を考慮しない場合の経営戦略

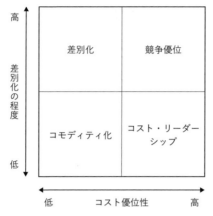

出所：筆者作成。

図1-7　GSCM を考慮した場合の経営戦略

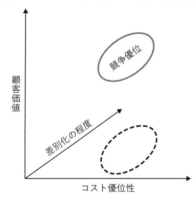

出所：筆者作成。

「差別化の程度」「コスト優位性」に「顧客価値」が加わり3次元の図になっています。コスト優位性と差別化の程度が高いだけでなく，GSCM の文脈では，顧客価値が高くなければ競争優位があるとはいえないことになります。3次元で右上方にあるほどその製品や事業は競争力が高いといえます。いいかえると GSCM は，これまで顧みられることのなかった保管や輸配送時に製品に付加される顧客価値が注目されるきっかけになったということができます。

◆レビュー・クエスチョン

1 物流，ロジスティクス，GSCM の違いを簡単にまとめなさい。

2 顧客価値と利潤の関係を説明しなさい。

3 製品の保管時にも顧客価値が創造される例を，本章で取り上げた例以外であげなさい。

〈引用・参考文献〉

Barney, J. B. and W. S. Hesterly [2019] *Strategic Management and Competitive Advantage: Concepts and Cases*, 6th ed., Pearson.

Christopher, M. [2016] *Logistics and Supply Chain Management*, 5th ed., FT Publishing.

Hill, C. W., M. A. Schilling and G. R. Jones [2020] *Strategic Management: An Integrated Approach, Theory and Cases*, 13th ed., Cengage.

Mangan, J., C. Lalwani and A. Calatayud [2021] *Global Logistics and Supply Chain Management*, 4th ed., Wiley.

Manners-Bell, J. [2017] *Introduction to Global Logistics: Delivering the Goods*, 2nd ed., Kogan Page.

Rushton, A., P. Croucher and P. Baker [2017] *The Handbook of Logistics and Distribution Management: Understanding the Supply Chain*, 6th ed., Kogan Page.

第2章
国際貿易と企業の海外展開戦略

学習の目的
□ GSCM の前提条件である国際取引のメカニズムを理解します。
□ 比較優位の考えを学習し，国際貿易はゼロサム・ゲームではないことを学びます。
□ 企業の国際化はなぜ起こるのかを学びます。

Keywords ──
　国際分業，比較優位，機会費用，直接投資，多国籍企業の内部化モデル，規模の経済

1　財の交換はなぜ生じるのか──比較優位の考え方

1.1　リカードの比較生産費仮説

　グローバル・サプライチェーン・マネジメント（GSCM）とは，国際的な製品の取引を行うために，企業間のつながりをもとに顧客価値を最大化し，**国際分業**による最適な供給体制を築くための経営手段です。GSCM の対象は国境を越える製品とサービスの取引です。その取引は基本的に国際貿易と海外投資（多国籍企業の活動）によって行われています。そこで本章では，国際貿易や海外投資のメカニズムを考察することによって GSCM の根本理論を理解することにします。

　19 世紀初頭に，イギリスの経済学者デーヴィッド・リカードは「国際貿易は各国の『比較優位』に基づいて行われれば，貿易に参加するすべての国が利益を得る」と主張しました。各国は，他国と比べて相対的に生産性の高い財（製品）を輸出し，相対的に生産性の低い財を輸入することによって，世界全

表 2-1 　リカード・モデル（2 国 2 財 1 生産要素）

投入係数	X	Y	労働者数（L）
自　国	1	2	80
外　国	5	3	150

注：自国は財 X，Y の生産に「絶対優位」をもつ。

体の生産量，したがって消費量も増える，とリカードは考えたのです。この古
典的な考え方は現在も多くの経済学者に支持され，実際の国際貿易に限らずあ
らゆる取引を考察するうえでの重要な概念であり続けています。

　この比較優位を説明するために，世界は 2 カ国で，両国とも 2 財（X，Y）の
みを生産し，生産要素は両国とも労働（L）だけだと仮定します（これを 2 国 2
財 1 生産要素モデルといいます）。ここで，各財を 1 単位生産するために必要とさ
れる労働者数（これを投入係数，あるいは技術的投入係数といいます）を自国と外
国で比べてみましょう。表 2-1 は，自国で X 財を 1 単位生産するのに 1 人の
労働者が，Y 財を 1 単位生産するのに 2 人の労働者が必要であることを示して
います。同様に外国では，X 財を 1 単位生産するのに 5 人の労働者が，Y 財を
1 単位生産するのに 3 人の労働者が必要であるということになります。この場
合，明らかに両財とも自国の方が労働者の生産性が高いことになります。この
ことを自国は財 X，Y 財の生産に絶対優位をもつといいます。この絶対優位と
いう考え方は経済学の父アダム・スミスによるものです。

　ところが貿易は絶対優位に従って行われるわけではありません。もし絶対優
位に基づいて 2 国間で貿易が行われたとしましょう。その場合，X 財，Y 財と
も自国が外国に輸出することになりますが，それでは貿易収支が均衡しないの
で，そのような貿易は長続きしないのです。

　比較優位を考えるために，まず貿易前の状況を考えましょう。自国には労働
者が 80 人，外国には 150 人いるので，そのちょうど半分ずつが X 財と Y 財の
生産に割り振られると仮定すると，それぞれの財の生産量は表 2-2 のように
なります。この場合，自国は X 財を 40 単位，Y 財を 20 単位，外国は X 財を
15 単位，Y 財を 25 単位生産します。消費は生産量以上にはできないので，生
産量に等しいと仮定します。自国と外国のそれぞれの財の生産量を足し合わせ
ると世界全体の生産量になるので，X 財と Y 財の世界の生産量および消費量
はそれぞれ 55 と 45 になります。

表2-2　両国とも労働者の半分ずつをX財とY財の生産にあてた場合（生産量＝消費量）

生産量＝消費量	X	Y	労働者数（L）
自　国	40	20	80
外　国	15	25	150
世　界	55	45	

表2-3　自国はX財，外国はY財の生産しかしない場合（生産量）

生産量	X	Y	労働者数（L）
自　国	80	0	80
外　国	0	50	150
世　界	80	50	

表2-4　2国が貿易をした場合（消費量）

消費量	X	Y	L
自　国	50	22	80
外　国	30	28	150
世　界	80	50	

　次に比較優位に基づく貿易がどのように行われるかを考えましょう。表2-3では自国はX財だけを生産しY財をまったく生産せず（これを自国はX財の生産に完全特化するといいます），外国はY財だけを生産し，X財をまったく生産しない場合（外国はY財の生産に完全特化する）を示しています。すると自国はX財80単位，Y財を0単位，外国はX財を0単位，Y財を50単位生産できます。そのときの世界の生産量はX財が80単位，Y財が50単位になります。この結果を表2-2と比べると，表2-3では，世界の生産量が増えていることがわかります。しかし，このままでは自国はX財しか消費できず，外国はY財しか消費できません。

　そこで，2国間で貿易をする場合を表2-4に示しました。たとえば自国は生産したX財80単位のうち30単位を外国に輸出し（自国での消費は50単位），外国は生産したY財50単位のうち22単位を自国に輸出したとします（外国での消費は28単位）。この結果を貿易しない場合の表2-2の消費量と比べてみると，明らかに自国も外国も両財の消費量が増えていることがわかります。すな

表 2 - 5　自国は Y 財，外国は X 財の生産しかしない場合（生産量）

生産量	X	Y	L
自　国	0	40	80
外　国	30	0	150
世　界	30	40	

わち貿易は両国の消費者に恩恵をもたらしたのです。では生産に対してはどう
でしょうか。自国では X 財の生産に特化することにより労働者は X 財部門に
移り，Y 財の生産はゼロになり，外国では Y 財部門にすべての労働者が移り，
X 財の生産はゼロになります。このように，貿易によって消費者が得をする背
景には，生産者が産業間で自由に移動できるという仮定が存在します。

　次に自国が Y 財の生産に特化し，外国が X 財の生産に特化した場合（表 2 -
3 の逆のパターン）を考えます。世界全体の生産量は増えるでしょうか。また，
貿易することによって消費者は得をするでしょうか。表 2 - 5 は自国が Y 財の
生産に，外国が X 財の生産にそれぞれ特化した場合の生産量を示しています。
その場合，自国は 40 単位の Y 財を生産し X 財は生産しませんし，外国は 30
単位の X 財を生産し Y 財は生産しません。その結果，世界全体の生産量は X
財 30 単位，Y 財 40 単位となり，両財ともに世界での生産量が貿易前（表 2 -
2）よりも減少します。そして貿易を行ったとしても両国の消費者が同時に得
をするという状況（表 2 - 4）はありえないこともわかります。このように特化
には両国が得をする場合とそうではない場合があります。

　では，貿易によって両国の消費者が得をするような表 2 - 3 のような特化の
パターンをどうやってみつけるのでしょうか。実は，これをみつけだす法則が
比較優位の原則なのです。もう一度，表 2 - 1 の投入係数をみてみましょう。
投入係数とは 1 単位の財をつくるために必要な労働者数でした。労働者を雇う
ためには費用がかかるので，この投入係数を費用とみなすことができます。こ
れはいわば X 財と Y 財の生産にかかる直接的な費用です。リカードは，貿易
パターンを決定するのは直接的な費用ではなく，X 財と Y 財の相対費用であ
ることを明らかにしました。それが比較生産費です。比較生産費は**機会費用**と
もいいます。機会費用はある財の生産を 1 単位増やす場合，犠牲にしなければ
ならない他の財の量のことをさします。表 2 - 1 の例でいうと，自国では X 財
を 1 単位生産するためには 1 人の労働者を Y 財部門から引き抜いてくる必要

表 2-6　どうやって生産のパターンが決まるのか（比較優位）

機会費用	X	Y	L
自　国	1/2	2/1	80
外　国	5/3	3/5	150

があります。1 人の労働者は Y 財を 0.5 単位生産できるので，Y 財の生産量は
0.5 だけ犠牲にされます。したがってこのときの機会費用は 0.5 になります。
一方，Y 財の生産を 1 単位増やすためには X 財部門から 2 人の労働者を引き
抜かかなければなりません。X 財を 1 単位生産するのに 1 人必要なので，2 単
位分の X 財を犠牲にしなければならないことになります。したがってこのと
きの機会費用は 2 になります。計算の方法としては，

X 財の（Y 財で測った）機会費用

$$= \frac{\text{X 財 1 単位生産するために必要な労働者数（費用）}}{\text{Y 財 1 単位生産するために必要な労働者数（費用）}}$$

Y 財の（X 財で測った）機会費用

$$= \frac{\text{Y 財 1 単位生産するために必要な労働者数（費用）}}{\text{X 財 1 単位生産するために必要な労働者数（費用）}}$$

となります。表 2-6 に両国の機会費用を示しました。
　機会費用は費用をあらわしているので，低ければ生産効率が高いことになり
ます。ここで自国と外国の X 財と Y 財の機会費用を比べてみましょう。X 財
は 1/2＜5/3 なので，自国の方が安く，Y 財は 2/1＞3/5 なので外国の方が安く
生産できることになります。自国と外国はそれぞれ安い（効率のよい）財の生
産に特化すれば世界全体の生産量を増やすことができます。このケースが表
2-3 です。この場合，自国は X 財の生産に比較優位をもち，外国は Y 財の生
産に比較優位をもつといいます。そして，それぞれの国が比較優位をもつ財
（比較優位財）に特化し，その財を輸出し，他方の財（比較劣位財）を輸入すれば
それぞれの国でより多くの財を消費することができる，これがリカードの比較
生産費仮説です。比較優位に従った国際貿易は双方にとって利益をもたらしま
す。決してゼロサム・ゲームではありません。
　リカード・モデルで貿易が行われるためには両国で比較生産費が異なること

が必要です。では比較生産費がなぜ異なるのでしょうか。表2-1をもう一度みてください。財の生産に必要な労働量が両国で異なるということは，生産技術に違いがあるということです。つまりリカード・モデルでは両国の生産技術の違いが貿易が発生するための条件ということになります。

　リカード・モデルは単純で美しくかつ本質を突いています。しかし，このモデルにも限界があります。以下3点あげます。

1　貿易後，自国も外国も1つの財の生産に特化し，他方の財をまったく生産しない（完全特化）という結論は極端すぎる。

2　貿易が生じる理由である技術の違いがなぜ生じるかを説明していない。

3　生産要素が労働のみなのは現実的ではない。

1.2　ヘクシャー＝オリーン・モデル

　これらのリカード・モデルの限界を克服した比較優位のモデルが20世紀前半に登場しました。ヘクシャー＝オリーン・モデル（H-Oモデル）と呼ばれ，労働と資本という2つの生産要素を考慮し，上記1〜3のリカード・モデルの限界を解決しています。簡単にH-Oモデルの概要を説明します。まず，資本と労働の2つの生産要素があり，2つの異なる財を生産している2国を考えます。その仮説は次のようになります。

　　「2国2財2生産要素（資本と労働）の世界を考える。各国は相対的に多く有する生産要素を集約的に使用する財に比較優位をもち，その財を輸出し，もう一方の財を輸入することによって両国の経済厚生が高まる」

　ここで，X財がY財よりも相対的に労働を多く使用する（つまりY財はX財に比べ相対的に資本を多く使用する）場合，X財を労働集約財，Y財を資本集約財と呼びます。

　リカードの比較生産費仮説同様，H-Oモデルも相対的な概念であって，絶対的な生産要素の豊富さは問題ではないことに注意する必要があります。H-Oモデルでは，貿易が行われる均衡点においても両国は2財を生産し続けます。これを不完全特化といいます。また，貿易の源泉は両国の生産要素の相対的な賦存量の違いであり，両国の生産技術の違いではありません（H-Oモデルでは両国で生産技術は同一であるという仮定をおいています）。さらにH-Oモデルは2つ

の生産要素を仮定しているので，資本家と労働者間の所得分配についても分析できます。このように H-O モデルはリカード・モデルの限界を克服した2国2財2生産要素モデルで，一般均衡モデルの最小条件を備えた，経済学上最も美しく，かつ成功したモデルの1つであるといわれています。

　H-O モデルでは，2財の生産技術は2国間で同じです。異なるのは生産要素の相対的な賦存量で，貿易が生じるための条件になっています。その意味でH-O モデルは「要素賦存仮説」とも呼ばれます。たとえば自国は外国よりも相対的に資本が労働より豊富で（相対的資本豊富国），外国は自国よりも労働が資本より相対的に豊富である場合（相対的労働豊富国），自国は資本集約財の生産に比較優位をもち，外国は労働集約財の生産に比較優位をもち，それぞれが比較優位財を輸出することによって両国とも利益を得ます。

2　企業の海外展開戦略

2.1　さまざまな進出形態

　企業の海外進出には多くの形態があります。図2-1は，さまざまな進出形態の市場への近接性と費用の関係を示したものです。横軸の市場への近接性は生産や販売する場所が需要者（消費者や企業）にどれほど近いかをあらわし，近いほど右側に位置します。縦軸の費用は進出の際にかかる直接的な費用のほかにリスクに対する不確実性も含みます。不確実性が高いと情報収集や保険などの費用がかさむので，合計の費用は高くなります。

　企業の海外進出形態は図2-1の左下から右上にライセンス契約，輸出，販売拠点の設立，アウトソース（委託生産），ジョイント・ベンチャー，直接投資となっています。ライセンス契約とは自社（ライセンサー）のもつ特許技術，商標，設計や製造ノウハウを相手企業（ライセンシー）に供与し，ライセンス料（ロイヤリティ）を受け取る形態です。ライセンシーはライセンサーの許諾のもとで生産・販売をすることができます。したがってライセンサーは現地での費用がほとんどかからず不確実性も低い代わりに，海外の市場からは遠い進出形態です。輸出は自国で生産し，最終製品を海外に輸送し現地の輸入業者が販売するので，市場からは遠い代わりに不確実性に基づく費用は抑えられます。販売拠点を自社でもつ場合は輸出よりも市場への近接性が高まり，その分費用も高くなります。

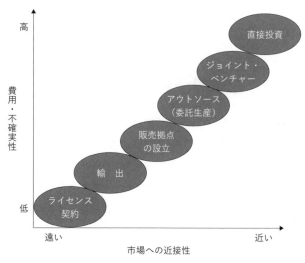

図2‒1進出形態の市場への近接性と費用

高

費用・不確実性

低

ライセンス契約

輸出

販売拠点の設立

アウトソース（委託生産）

ジョイント・ベンチャー

直接投資

遠い　　　　　　　　　　　　　近い

市場への近接性

出所：筆者作成。

　アウトソース（委託生産）は海外の他企業に生産を委託するので，他企業とのコミュニケーション費用がかさむ一方，市場への近接性が高まります。ライセンス契約と比べるとアウトソースは自社企業の影響力を強く発揮できます。自社企業が他企業に自社ブランド名で自社の設計図をもとに生産を依頼し，技術や製造ノウハウに関する機密保持に関して取り決める製造委託（OEM）契約はこの例になります。

　ジョイント・ベンチャーは，複数の企業が出資し新たに会社を設立，あるいは現地の既存企業と共同で会社を経営する形態です。現地企業とのジョイント・ベンチャーは市場の近接性が高まる一方，提携先の企業の情報を収集する費用などがかさみます。最後に**直接投資**ですが，自社で海外現地に子会社を設立します。したがって直接現地の消費者に接するという意味で市場への近接性は最も高い一方，その分海外市場に進出するための費用や不確実性が最も高くなります。第1章で説明したとおり，GSCMでは他企業と自企業の供給網の構築が重要な要素になるので，アウトソースと直接投資による進出形態がとくに重要になります。

表2-7　ゲマワットのCAGEフレームワーク

文化的距離（C）	制度的距離（A）	地理的距離（G）	経済的距離（E）
言語の違い 民族の違い 宗教の違い 社会規範の違い	法制度の違い 政治体制の違い 政策の違い 通貨制度の違い	物理的距離 国の規模の違い 輸送距離 天候の違い	所得の違い 天然資源，人的資源， 　インフラ，情報の 　費用と質の違い

出所：Ghemawat［2001］の表を簡略化。

2.2　海外市場との距離

表2-7はパンカジ・ゲマワットのCAGEフレームワークと呼ばれるものを簡略化したもので，海外市場に進出する際に考慮しなければならない項目（距離）を示しています。CAGEとはそれぞれ文化的距離（Cultural Distance），制度的距離（Administrative Distance），地理的距離（Geographical Distance），経済的距離（Economic Distance）の頭文字をとったものです。

企業が海外に進出する際には多くの費用（距離）を考慮しなければなりません。海外でのビジネスは，国内でのビジネスよりもはるかに多くの障壁があります。

2.3　企業の海外進出動機

企業が国境を越えてビジネスをする大きな理由はおもに3点あります。まず第1に，海外の大きな市場（需要）を求めて進出します。国内の需要だけで満足するのではなく，海外のより大きな需要を求めて企業は海外に展開します。第2に，より安い生産コストを求めて海外に生産拠点を築く場合があります。為替レートが自国通貨高になったり国内の賃金上昇があったりした場合，企業は，安い土地や労働力を求めて，海外に進出をする場合があります。第3に，原材料を求めて進出する場合です。原材料を海外に頼っている場合，自社で調達した方が原材料の安定供給につながります。

第1のケースの場合，国内から輸出するか海外拠点を設けるかの選択をする際に，製品の輸送費用と進出先の関税などの貿易障壁が重要になります。輸送費用が高く，相手国の関税率が高い場合，海外に生産拠点をつくろうとするインセンティブが高まります。また，その国（市場）の需要だけでなく近隣諸国の需要の大きさやアクセスのしやすさも重要になります。たとえば，欧州連合（EU）の1つの国に進出する場合，近隣諸国のEU内の国に関税なしで輸出す

ることができます。ただし，この場合，製品の生産にEU内の国で生産された部品をある一定以上使用しなければならない（これを原産地規則といいます）などの条件があります。また，多くの日本の自動車企業がタイに生産拠点をもっている理由は，タイ国内の自動車需要の大きさと部品供給企業（サプライヤー）がタイに集中している以外にも，タイと自由貿易協定を結んでいる他のASEAN（東南アジア諸国連合）域内への輸出が容易である点があげられます。

さらに，取引先企業がすでに進出しているか進出を予定している場合，同じ国に進出することがあります。製品の自動車部品の多くをトヨタに納入しているデンソーは，海外でもトヨタの工場近くに立地しています。とくに製品が大きくなれば，日本から輸出すると輸送費が高くなるため，このような戦略がとられます。

これらのケースは，それまで日本で生産し輸出していた製品が現地生産，現地販売に取って代わられるので，日本からの輸出が減少します。輸出代替的といわれるケースです。また，自国と外国で同様の製品を生産・販売するため，このタイプの海外展開は「水平型直接投資」と呼ばれます。

第2の生産費用削減がおもな目的のケースは次のような場合にみられます。日本や多くの先進国では賃金が高騰したり，為替レートが自国通貨高になったりすれば，輸出製品価格が上昇し競争力を失います。そこで企業は生産コスト削減のために安価な労働力を求めて海外進出をする場合があります。たとえば，円高になった1980〜90年代に，多くの日本企業が教育レベルが高く安価な労働力の豊富な東南アジア諸国に進出しました。

海外の安価な生産費用を目的とした海外進出の場合，生産工程を分割し，多くの精密機械や高い技術を必要とする資本集約的工程を自国で，多くの労働力を必要とする労働集約的工程を発展途上国で行う場合が多くなります。その結果，先進国と発展途上国間で部品や半加工品の貿易が増えるので，一般に貿易が増大すると考えられます。これは，貿易補完的なケースです。生産工程を上流から下流へ縦に分割するので，このタイプの海外進出は「垂直型直接投資」と呼ばれます。

1990年代から2000年代初頭にかけて，多くの海外の企業が安価な労働力を求めて中国に進出しました。当時中国は「世界の工場」といわれました。2000年代後半になると中国は経済大国になり，その結果，中国の需要獲得を目的とした進出も増大しました。第1と第2の進出動機が時間差をおいて成立するケ

ースと考えられます。また，北米自由貿易協定（NAFTA，のちにアメリカ・メ
キシコ・カナダ協定〔USMCA〕に改組）が1994年に発効し，メキシコへの海外
企業の進出が加速しました。メキシコの安価な労働力で生産した製品を関税な
しでアメリカ市場に輸出できるからです。この例は安価な労働力と隣接した市
場の2つを目的としたケースと考えられます。

　第3のタイプは，日本などの天然資源に乏しい国の企業が天然ガス，原油，
鉄鉱石，木材などの天然資源，原材料を安定的に獲得するために子会社を現地
に設立する場合です。調達を目的とした海外進出で，天然資源関連産業や農林
水産業に多くみられるケースです。

2.4　企業が多国籍化するための条件

　企業が海外に進出する動機は以上の3つが代表的ですが，これらの動機があ
ってもすべての企業が進出する（できる）わけではありません。企業が海外進
出するためには，他企業よりも優れた優位性がなければならないことをアメリ
カの経営学者スティーブン・ハイマーが初めて指摘しました（Hymer [1960]
[1976]）。ハイマーは，株式や証券などの金融資産への投資（間接投資）と経営
の支配権を得るための投資（直接投資）を区別し，企業の海外直接投資を理論
化しました。そのうえで，企業が海外に進出するためには現地企業との競争に
おいて優位性をもつ必要があると考えました。この優位性のなかには生産要素
へのアクセスや効率的生産，流通面での優位性，そして製品の差別化といった
要素が含まれます。

　ピーター・バックリーとマーク・カッソンは，企業が多国籍化するためには
企業の優位性に加え取引費用の内部化が必要であると主張しました（Buckley
and Casson [1976]）。企業が海外に製品を供給する際に他企業に生産や販売を委
ねると，技術的なノウハウ，知識，研究開発（Research and Development: R&
D）の成果などの無形の情報が流出する危険があるうえに，他企業への伝達
（コミュニケーション）にはさまざまな取引費用がかかります。そこで，企業が
海外現地法人をつくりこれらの危険やコミュニケーション費用を企業内で完結
させ，情報を安全に，そして低コストで伝達しようとするインセンティブが生
まれます。これを**多国籍企業の内部化モデル**といいます。

　しかし，企業はこれらの優位性や内部化の誘因だけでは海外に進出しません。
ほかにも進出先（国）のインフラ，物流網，法制度，政府の政策などの条件を

考慮して進出するかしないかを決定します。ジョン・ダニングは企業の優位性，内部化の誘因に加え，この立地的優位性が企業の多国籍化には重要であると主張しました（Dunning [1981]）。ダニングのこの理論は，企業が有する優位性（Ownership advantage），立地的優位性（Locational advantage），そして内部化の誘因（Internalization incentive）の頭文字をとって OLI アプローチ，ないしは折衷理論と呼ばれます。またダニングは企業の優位性や立地的優位性も自国や進出国の特性に大いにかかわっていると述べています。彼の立地的優位性はリカードの国単位の比較優位の考え方に近いものです。

2.5　多国籍企業の経済理論

以上の多国籍企業の理論はおもに経営学の分野で発展してきましたが，経済学の分野でも理論研究が進んでいます。多国籍企業の経済理論では，近接性と集中のトレードオフという考え方が重要です。近接性とは 3.1 で説明したとおり，生産地と市場の消費者との距離のことです。輸出と直接投資を比べると，輸出は自国で生産し海外に輸出するため生産者と消費者との距離が遠く（近接性が低く）なります。一方，直接投資は現地で生産し消費者に販売するため，距離が近い（近接性が高い）ことになります。集中とは生産拠点を分散させるのではなく，1 カ国に集中させることを意味します。この近接性と集中のトレードオフをもたらす要因は H-O モデルの比較優位（要素賦存の相対的な差異），輸送費，そして規模の経済です。

規模の経済とは，生産量を増大させると単位当たり費用が低下する現象のことをさします。規模の経済がある場合，生産量を増大させれば単位費用が低下するので，利潤が増え続けることになります。利潤は総収入から総費用を引いたものです。利潤を π，製品価格を p，単位当たりの生産費用を c，生産量（販売量）を x とすると，総収入は px，総費用は cx になります。したがって利潤 π を

$$\pi = px - cx = (p - c)x$$

とあらわすことができます。規模の経済が働く場合，x を増大させると c が低下するので，利潤 π はますます大きくなります。

規模の経済は工場レベルでも産業レベルでも観察されます。工場レベルの規模の経済とは，1 つの企業で大量に生産した方が，複数の工場で同じ量を生産

するよりも大量生産によるメリットが得られることを意味します。一方で産業レベルの規模の経済とは，企業が特定の国や地域に集中（集積）すると，中間財の輸送コストが低下したり，知識の伝播が起こりやすくなったりして単位費用が低下する現象のことをさします。

　いま，工場単位の規模の経済があり，企業はある製品を比較優位に従って輸出していると仮定します。1カ国1つの工場で自国と外国の2カ国分の需要を満たす生産量を生産した方が規模の経済が働き利潤は増大します（集中）。しかし，輸出のための費用（輸送費や関税）がきわめて高い場合には，規模の経済による費用の低下を打ち消してしまうかもしれません。その場合に企業は海外に生産工場を設け，自国と外国2カ所でそれぞれ生産することを選びます（市場への高い近接性）。これが近接性と集中のトレードオフです。

　ポール・クルーグマンは産業レベルで規模の経済があり，国際間を労働者が自由に移動できる場合，2産業（農業と製造業）の規模，2国間の輸送費の違いによってどちらの国に企業が進出するか（企業の集積が進むか否か）が決定されると考えました（Krugman [1991]）。たとえば，輸送費が安く，製造業のシェアが大きく，規模の経済が強く働く場合にはどちらかの国に企業が集積することをモデル化しました。

　ジェームズ・マークセンはダニングのOLIアプローチを経済学的モデルに拡張し，企業が独自の特許，設計図，製造ノウハウなどの知識をもち，企業レベルでも規模の経済が働くモデルを提示しました（Markusen [2002]）。マークセンはこれらの知識を企業固有の優位性（OLIのO）として，知識資本と呼び，企業は一度知識資本に対する費用を払えば，工場を複数もつ場合でも追加的費用は工場の固定費用だけであると考えました。そして国の間の比較優位構造の違い，輸送費，企業と工場の2つのレベルの規模の経済，各国の経済規模の相互作用で企業の海外進出の形態が決定されるという知識資本モデルを提示しました。おもな結論は，①輸送費がきわめて高く，2国の比較優位構造と経済規模が似ている場合，水平型の直接投資が行われやすい，②自国が小国で熟練労働豊富国である場合，自国企業は垂直型の直接投資を選択する，③国の規模が大きく異なり，規模の大きい国が熟練労働豊富国である場合にはどちらの国の企業も輸出も海外進出もしない傾向がある，というものです。

　エルハナン・ヘルプマン，マーク・メリッツとスティーブン・イープルは，同じ産業内でも輸出する企業や海外直接投資をする企業，国内市場だけをター

ゲットとする企業が混在する現実を，企業の生産性が異なることによって説明しました（Helpman, Melitz and Yeaple [2004]）。このモデルでも規模の経済が重要で，輸出と直接投資ではそれぞれ必要とされる固定費用が異なると仮定しました。そして企業はその生産性によってランク付けられ，4つのタイプの生産活動をすることを示しました。具体的には，最も生産性の低い企業群は正の利潤が得られないので市場から撤退し，次に生産性の低い企業群は国内市場だけに製品を供給します。3つめの生産性の高い企業群は国内市場と輸出によって外国市場へ製品を供給し，最も生産性の高い企業群は国内市場とともに海外直接投資によって海外市場にも製品を供給します。

　これらのモデルはいずれも2国を想定したモデルですが，多国間モデルにも応用できます。そしてこの多国間モデルがGSCMのモデルにあたります。また，第1章で説明したようにGSCMではアウトソースが重要な役割を果たします。

　例として多数の部品が必要な自動車の生産を考えます。通常，自動車の生産には1台で数千点から数万点の部品が必要です。その部品はタイヤのゴム，ボディの鋼板，ガラス，エンジンなど，原材料や生産工程が大きく異なります。これらのすべての部品を，1国で生産するよりも生産費が安い国々（つまり比較優位のある国々）でそれぞれ生産し，賃金が安い国に集め完成車を組み立て，各国に輸出することが最も経済的に合理的といえます。さらに規模の経済が重要になります。この場合，数カ所で少量ずつを生産するよりも，1カ所でまとめて大量に同じ製品を生産した方が費用は安くなり，結果として多くの利潤を得ることができます。つまり生産工程の国際分業を比較優位の原理に従って，かつ規模の経済を活用することが最も効率的な方法です。しかし，その際に部品や完成車の生産費の削減分が輸送費や関税の費用の合計よりも十分に大きいことが必要です。

　GSCMは，海外の子会社か他企業かを問わず，製品の供給過程の全体を効率的に管理・維持し顧客価値を最大化する経営手段です。GSCMを説明する決定的な理論はまだありませんが，今後登場する理論においては，本章で説明した国単位の比較優位（立地の優位性），規模の経済（企業や産業の優位性と内部化誘因），国の経済規模あるいは経済発展の程度，そして輸送費や関税等の貿易障壁が重要になります。

◆レビュー・クエスチョン

1 次のような2国2財1生産要素のリカード・モデルを考えたとき，貿易前の2
部門の絶対優位と貿易後（特化後）の比較優位を調べなさい。また貿易前と貿易
後の世界の生産量を計算しなさい。

投入係数	X	Y	L
自 国	3	1	150
外 国	5	5	150

2 ヘクシャー＝オリーン定理が想定する貿易はいまも世界中で観察することがで
きます。この定理が当てはまる2国間の貿易の例をいくつかあげなさい。

3 ゲマワットのCAGEフレームワークを使って，任意の2国を比較分析しなさい。

〈引用・参考文献〉

Buckley, P. J. and M. C. Casson [1976] "A Long-run Theory of the Multinational En-
terprise," P. J. Buckley and M. C. Casson eds., *The Future of the Multinational En-
terprise*, Macmillan, pp. 32-65.

Dunning, J. H. [1981] *International Production and the Multinational Enterprise*,
Allen & Unwin.

Ghemawat, P. [2001] "Distance Still Matters: The Hard Reality of Global Expan-
sion," *Harvard Business Review*, Vol. 79, No. 8, pp. 137-147.

Helpman E., M. J. Melitz and S. R. Yeaple [2004] "Exports Versus FDI with Hetero-
geneous Firms," *American Economic Review*, Vol. 94, No. 1, pp. 300-316.

Hymer, S. H. [1960] "The International Operations of National Firms: A Study of
Direct Investment," PhD Thesis, MIT, Cambridge.

Hymer, S. H. [1976] *The International Operations of National Firms: A Study of Di-
rect Foreign Investment*, MIT Press.

Krugman, P. [1991] "Increasing Returns and Economic Geography," *Journal of Po-
litical Economy*, Vol. 99, No. 3, pp. 483-499.

Markusen, J. R. [2002] *Multinational Firms and the Theory of International Trade*,
MIT Press.

Rugman, A. M. [2009] *The Oxford Handbook of International Business*, 2nd ed., Ox-
ford.

Yeaple, S. R. [2013] "The Multinational Firm," *Annual Review of Economics*, Vol. 5,
pp. 193-217.

第3章
企業からみた GSCM

学習の目的
- ☐ GSCM という考え方の誕生の背景を，具体的な企業活動のケースから学びます。
- ☐ 典型的な4つの具体的な企業ケースの分析から，これまでの経営管理手法の限界と落とし穴について理解します。
- ☐ GSCM の背景となる経営環境変化を整理します。
- ☐ これまでの経営管理手法と GSCM との基本的なパラダイムの相違を説明するフレームワークを学習します。

Keywords ―――

商品の多様化，製品ライフサイクルの短縮化，大量生産・大量消費パラダイム，アジリティ・パラダイム，経営システムの設計思想，需要の不確実性，業績評価，取引形態

1 4つのケース
―――大量生産・大量消費時代のオペレーションの不適合

1.1 A社：電子部品製造企業の GSCM

　まず，4つの具体的な実際の企業ケースを紹介します。学生の方々や，グローバル・サプライチェーン・マネジメント（GSCM）の分野で実務経験の少ない経営幹部候補生などのビジネスパーソンにも現実の業務を疑似体験してほしいと思うからです。一体，なぜこのような事態が発生しているのか。同様の局面に直面したら，あなたならどう対応するか考えてみてください。まず，何が問題なのか。次に，問題の背景にはどのような環境変化があるのか。さらに解決にはどのような要素を考慮するべきなのかを整理するところから始めましょ

う。

　1つめは，1990年代半ば頃のパーソナル・コンピュータ（PC）の部品メーカ
ーA社のケースです。当時，新製品が出るとユーザーが次々に新製品に乗り
換えていくため，PCの製品や部品のライフサイクルはどんどん短くなってい
ました。PCの部品は，新製品を出荷後，わずか半年で価格が5分の1に値下
がりするという激しい新製品競争が行われていました。

　部品メーカーの主要顧客であるPCメーカーは，発注してから納品までのリ
ードタイムが2週間でした。つまり部品の購入数量が確定したあと2週間以内
に納品できないと取引が成立せず，競合他社に仕事を奪われる危険性のある取
引でした。これに対し，A社は，資材メーカーに発注をしたあと，実際に資
材を調達し，加工・組立を行い製品化し，PC組立メーカーに納品するまでに
約6カ月を要していました。

　A社は，6カ月前から需要予測を行い，見込みで材料を調達，生産し，製品
の在庫を抱えることで，顧客からの注文に対応するしかありません。A社の
需要予測が外れ，見込みより注文数が少なかった場合は大量の在庫を抱えるこ
とになり，部品のライフサイクルの短さが災いし在庫評価額が下がっていくこ
とになってしまいます（第5章59ページ「リスクに対する費用」を参照）。この結
果，A社は売れ残りの不良在庫処理（評価替え）による特別損失（突発的に発生
する損失）により，毎年数十億円という規模の損失を出していました。この損
失は利益とほぼ同規模でした。

　A社の副社長から次のような相談がありました。「不良在庫処理損失額を半
分程度に減らせないでしょうか。それだけで利益は1.5倍になる計算になりま
す」。A社は何をどうすればよいでしょうか。どのような要素を考慮すべきで
しょうか。

1.2　B社：玩具製造企業のGSCM

　次のケースは日本の玩具メーカーB社（本社）のものです。玩具産業は他の
産業と比較すると早期に，1970年代のはじめには世界的な製造・販売ネット
ワークを構築していました。B社も例外ではなく，1970年代から中国や東南
アジアでの生産を開始していました。当時，中国や東南アジアの人件費は非常
に安価で，中国や東南アジアで生産した玩具を国際海上コンテナで輸送し，欧
米や日本などの市場で販売していました。このケースは，B社の日本本社，B

社の中国工場（生産子会社），B 社の米国販売子会社という 3 つの組織の間での
GSCM のケースです。

　玩具市場の特徴は 2 つあります。まず，製品自体がそれほど高価ではないた
め，利益率が低くコスト重視の産業であること，次に需要の 8 割近くがクリス
マス・シーズンに集中することです。このため，玩具業界では，クリスマス商
戦の売れ筋商品の予測が利益に大きな影響を与えていました。もしクリスマ
ス・シーズンをめざして生産している商品が大幅に売れ残りとなった場合には，
経営を揺るがす大きな損失となるわけです。

　1990 年代の後半，北米での玩具市場は，ウォルマートとトイザらスの大手
小売 2 社の寡占状態でした。また，この 2 社には，全米の店舗別・商品別の
POS（Point of Sales：販売時点管理）情報をメーカーに毎週提供してくれる非常
に優れた情報システムがすでに存在していました。これらの POS 情報を分析
することで，メーカーは玩具の製品ライフサイクルを非常によく把握すること
ができるというわけです。製品ライフサイクルとは，製品が市場に投入され衰
退するまでの 4 つのフェーズ（導入期，成長期，成熟期，衰退期）をさします。
つまり，全米の店舗別・商品別の POS 情報を分析することにより，メーカー
は次のクリスマス・シーズンの売れ筋商品の予測精度を向上させることが可能
になるというわけです（需要予測については第 6 章も参照）。

　ある日，B 社のアメリカの販売子会社副社長から本社に「年初の予算策定の
ときには，商品 α（人形）は昨年と同様，今年のクリスマス・シーズンのトッ
プ・セラーになると予想していたが，直近の POS 情報の結果を分析すると今
年のクリスマスは，もう α を主力商品として販売するのは諦めるべきだと考え
る。最近投入した新商品 β で勝負するべきだ。商品 α の生産をいますぐ止めて，
商品 β を増産してほしい」という連絡がありました。

　しかし，本社はすぐに生産計画の変更に対応してくれません。そして，あろ
うことか「もし商品 α の販売予算が達成できないとしたら，それは米国販売子
会社の需要予測の甘さが問題だ。何としても当初予算通り α の売上達成に尽力
せよ」という回答がきたのです。

　「こんな不合理な話はない」。米国販売子会社は中国の工場に直接連絡をし，
「今年は，商品 α の売上が目標に届かないことは POS 分析から明らかだ。生産
を中止して新商品 β の生産を拡大してほしい」と伝えました。ところが，中国
の工場は「工場は年間計画に従って生産しているから，いまから変更するわけ

にはいかない」と返答をしてきました。

　B社の中国工場はなぜ生産計画を修正できないと回答してきたのでしょうか。商品αの製造工程は，金型を利用したプラスチック成形で，部品を生産し，色付けを行い，これらを組み立てるという比較的単純な生産ラインでした。中国の工場では計画どおりに，すでに年間販売予定の20万体の頭と胴体の生産を終了していました。あとは両足と両腕を20万体生産し，これらを組み立ててアメリカに出荷する計画だったのです。このためいま頃になって「必要ない」といわれても，「いまさら，生産を止めるわけにはいかない。すでに生産した頭と胴体の部品が無駄になるではないか」というわけです。工場の立場からすると必ずしも不合理というわけではありません。

　たとえば，首と頭，胴体，右手，左手，右足，左足をそれぞれ100個単位でつくる場合，その都度マシンを止めて段取り替え（設定変更）する必要があります。金型の段取り替えにはかなり時間がかかり，かつ段取り替え中は生産ができません。その結果，生産性は低下します。工場の立場からすると，段取り替えの回数を最小限に抑え，生産時間を最大化し，機械設備をフル稼働させることで生産性を向上させ，製品の単位原価（1個当たりの生産コスト）を小さくしたいと考えるのが自然です。こうすることで工場の目標である製造原価を最小とすることができるのです。また，この単位原価目標は本社からの指示でもあります。こう考えると工場では年間計画の20万体という数字が非常に重要というわけです。もうすでに20万体の頭と胴体はつくってしまいました。この結果，売れないとわかっていても，20万体の商品αをつくりアメリカへ計画どおり出荷するしかない，というのが工場の立場となります。もちろん，この結果，商品αがアメリカの販売会社の倉庫に不良在庫として山積みされることになるのはほぼ確実です。

　このため，改めてB社の米国販売子会社の副社長は，B社の日本本社に「売れない製品をつくっても，アメリカでは不良在庫（売れ残り在庫）になるだけなので，やはり商品αの生産量を減らしてほしい」と提案しました。しかし，本社の回答は変わりません。「あなたは，予算策定の際に，今年中に20万体販売するという約束をした。やはり問題はあなたの販売努力が足りないことだ」というものでした。

　実は，これに類似したケースは，2020年代の現在でもあります。ではB社のケースで，誤った判断をしているのは一体誰なのでしょうか。B社の中国工

場長でしょうか，需要予測を誤ったB社の米国販売子会社の副社長でしょうか，それともB社（日本本社）でしょうか。それとも，そもそもB社の中国の工場（生産子会社）とB社の販売子会社とを別々の会社として管理し，年に1回の予算のときに生産数量を確定させるという業務プロセス自体が誤っていたのでしょうか。

　もし，あなたが社長や当該製品を管理する事業部門長なら，この問題をどのように整理し，解決に導こうと努力するでしょうか。一見すると，皆，自分の役割を真面目に果たそうとしているにもかかわらず，全体としては必ずしも環境変化に対応する方向に調整できているわけではないようです。

　生産子会社の工場長は，製造原価をできるだけ下げようと努力しています。しかし，工場長がいくら製造原価を削減しても，生産した製品が売れなければ，会社全体の売上や利益に貢献することはないのです。

　GSCMを語るうえで，いわゆる業務プロセスの改革や，情報システムの整備が重要と指摘されることは多いのですが，組織全体の利益を追求するためには，これらに加えて，B社のような組織管理上の問題，つまり，組織の構造，責任と権限，業績評価方法の設計，さらに販売会社と生産会社との間の数量調整や価格設定などの各組織の取引形態の設計などの「組織や業務プロセスの設計」がきわめて重要なのです。

　では，組織や業務プロセスをどのように設計すれば，環境変化に機敏に対応できる組織になるでしょうか（この点に関しては第8章も参照）。

1.3　C社：プラントの部材製造企業のGSCM

　次は，巨大な石油化学プラントに，配管部品である特殊コーティングパイプやバルブを供給しているC社のケースです。当時，この市場には世界にC社以外に2社しか競合会社は存在していませんでした。寡占化が進み，得意先もほぼ確定している安定した市場と考えられていたのです。

　ところが，突然，東南アジアで問題が発生しました。C社は過去12カ月間，東南アジアでの入札で負け続けています。「なぜ，入札でアメリカ企業に負けるのかわからない」。現地の担当者の話では，競合するアメリカ企業の半額の価格で提案をしており価格では負けていないことは確かでした。品質もC社の方がよいという評価でした。敗因は何なのか本格的に調査してみると，それは「保証できる正確な納期を迅速に回答できなかったこと」だったのです。

石油化学プラントのオーナー企業は，プラント・エンジニアリング会社に，プラントの設計，部材の調達，プラント建設，試運転までのプロジェクト・マネジメントを委託します。そこで，プラント・エンジニアリング会社は，設計を行い，プラント建設の詳細なスケジュールやコストを算出する役割を担います。石油化学プラントの設計は，複雑で多岐にわたります。パイプの種類も多様で莫大な数になります。長さや内面コーティング，材質や内径，外径，表面処理などが異なる数十万〜数百万本のパイプを，その建設現場に確実にスケジュールどおりに納品しなければならないわけです。もちろん短納期であることも重要ですが，それ以上に重要なのは納期の問い合わせに対する正確で，かつ"迅速な"回答でした。

　C社の営業部の対応は次のようなものでした。「ご注文の数万本のパイプを確実にお届けするためには約4カ月かかります。一部は3カ月程度で納品できると思います」。C社はこの回答をするのに2週間かかりました。一方，アメリカの競合会社が，問い合わせの翌々日に「85日後にインドネシアにある工場建設サイトに，必要な数のパイプとポンプを納入できます」と回答していたのでした。

　発注者であるプラント・エンジニアリング会社は，他の部材の調達計画との調整を行い，できるだけ早く工期を確定して施主に提案する必要があります。このため，プラント・エンジニアリング会社からみると，この2社の評価は大きく異なることになったのです。

　建設工程のスケジューリングはきわめて複雑なので，これまでのように各工程で，少しずつ余裕をもたせるような考え方でプロジェクト管理を行うと建設の期間がすぐ2〜3倍になってしまいます。その結果，プラントが完成し，生産を始める時期が何カ月も先になってしまい，顧客が現金収入を回収するまでのタイミングが遠のいてしまいます。プラントオーナーにとっては大きな事業機会の損失につながる危険性があります。C社が敗れるのも理解できる話です。

　敗因が明確になっても，まだC社の問題は解決していません。C社の役員はこういいました。「アメリカの競合他社が，どのような方法でこんなにきめ細かく正確な納期約束を機敏にできるのか，推測すらできない」。問題はC社の企業情報システムでした。C社では正確な納期を即答できるのは，顧客から依頼されたパイプがすべて在庫として倉庫にある場合だけだったのです。

　また，製造工程の途中で完成していない製品（仕掛品）の在庫（仕掛品在庫，

第5章を参照）の管理が週単位でしか行われていないため，生産計画の変更は事実上1カ月に1回，しかも計画立案業務が担当者のエクセルシートによる時間を要するものであったため，向こう3カ月の生産計画は変更できず，4カ月めの生産計画に反映させることがやっとでした。このため，新規の顧客の注文に対し，確実に約束できる競争力のある納期を迅速に回答することは難しかったのです。これでは，莫大な在庫をもっていなければアメリカの競合企業には勝てないことになります。たとえ高品質で安価な製品であっても，競争に勝って受注に漕ぎつけることは難しくなってしまったというわけです。

1.4　D社：百貨店アパレルの GSCM

最後は最終消費財，アメリカの高級百貨店のケースです。新任の常務が「この百貨店の店頭での商品は本当に十分に仕入れがなされているのだろうか」と疑問に思い，店頭で欠品調査を行いました。その結果，色サイズまで考慮すると，ジーンズの60%，ブラジャーの46%，女性用ショーツの35% の商品でサイズ切れ欠品が発生しているということが判明しました。そこで常務は現場の担当者と話してみました。

常務「こんな状態では，いくらお客さんがいらっしゃっても品切れで売上につながらないのではないか」

現場の担当者「常務，大丈夫です。このデパートにいらっしゃるお客様のサイズの商品は十分にあります。多少欠品があっても実は問題はありません。当店では全部のサイズを用意しておく必要はないのです。実際に当店でお買い上げいただくお客様のサイズがあれば，販売機会の損失にはつながりません」

常務「どうして販売機会の損失がないとわかるのか」

現場の担当者「現場，つまりお店にいればわかります」

常務はこの話を単純には信じませんでした。そこでコンサルティング会社に依頼し，店舗での調査をさらに本格的に行うことにしました。店頭で直接顧客に尋ねてみることにしたのです。その結果，店頭を訪れた約77% の顧客が何も買わずに帰ってしまっていました。何も買わずに帰ってしまう顧客にその理由を尋ねました。その結果，約68% は「欲しい商品はみつけたが，自分のサイズがなかったため何も買わずに店を出た」ということがはじめてわかりました。68%×77%≒50% なので，約50% の販売機会が売上に結びついていなか

ったという計算になります。現在の売上は 77％ の残り 23％ の顧客の売上でしかないため，もしすべての商品でサイズ欠品がなければ，売上は約 3 倍（23％＋50％＝73％）になることが判明したわけです。

　この調査により，ファッション製品においては店頭での欠品が非常に重要な課題であることが明らかになりました。その後，アメリカのファッション業界では，「クイックレスポンス（QR）」という，川上の生地メーカーから副資材（ボタンや裏地，心地，ブランドタグなどの資材等）メーカー，縫製工場，物流ネットワーク，商社などに至るまでアパレルに関連する GSCM の業界をあげた抜本的な業務改革が始まりました。この調査は，業界をあげた世界的な規模でのアパレル消費財流通 GSCM 革新の発端となったのです。

　以上，4 つの典型的なケースを紹介しました。それぞれまったく異なる業種で，顕在化している現象は一見すると大きく異なりますが，これらのケースの背景には，共通する要素があります。整理してみましょう。

2　GSCM を取り巻く環境変化

2.1　商品の多様化と製品ライフサイクルの短縮化
　GSCM という考え方が重要となってきた背景には，産業が直面している**商品の多様化**と**製品ライフサイクルの短縮化**という 2 つの環境変化の影響が大きいと考えられます。

　ほぼすべての産業において商品数は着実に増加し，製品のライフサイクルが短くなってきています。「商品の多様化」と「製品ライフサイクルの短縮化」は GSCM の考え方にどのような影響を与えているのでしょうか。

　まず，商品の多様化が GSCM に与える影響についてです。顧客は商品がすぐ欲しいとすると，商品の種類が増えれば増えるほど大量の在庫を抱えた運用にならざるをえません。大量の在庫は ROA（資産回転率）の低下と不良在庫の発生リスクの拡大につながります。たとえば，プラント部材製造業である C 社の課題は「膨大な種類の製品のオーダーに対し，確約できる納期（ATP）を迅速に回答する」ことでした。百貨店業界 D 社の課題は，「色・柄・サイズなど，顧客の好みに合った多様な商品を来店時に確実に提供する」ことでした。しかしながらこの問題に大量の在庫で対応することは，C，D 社の両方のケースで不良在庫の発生リスクの拡大につながり，現実的な解決策ではないことは

明らかです。

　次に，製品ライフサイクルの短縮化についてです。製品のライフサイクルが短くなると，現在生産している製品が市場で売れなくなり「不良在庫化するリスク」が高まってくるわけです。たとえば，PC部品メーカーA社は，製品のライフサイクルが短くなり半年で価格が5分の1になってしまうという環境に直面していました。玩具メーカーのB社も，予想を超えた製品ライフサイクルの短さによる将来の不良在庫リスクに悩んでいました。

　製品ライフサイクルの短縮に対応するためには，サプライチェーン（SC）全体のスループット・タイム（部材を発注したタイミングからその部材を活用した製品が販売されキャッシュが回収できるタイミングまでの期間）をできるだけ短くし，不良在庫の発生確率を低くすることが重要です。不良在庫の発生確率を低くするためには，「在庫（資材や仕掛品を含めた）削減」が必要となります。ライフサイクルが終了に近づくと，在庫は不良在庫化し価値が劣化するからです。

　一方，「商品の多様化」に対応するためには，多様な商品のそれぞれに対し多量の在庫を抱えていれば比較的容易に対応できます。顧客が「買いたい」ときに「その商品の在庫が欠品しておりこれからつくりますので，1カ月待ってください」という回答をするのでは，販売機会を失ってしまうでしょう。

　つまり，基本的に製品ライフサイクルの短縮化には在庫削減で，商品の多様化には在庫保有で対応することになります。これはトレードオフ（両立できない関係）の状況であり，いわば「在庫をめぐるジレンマ」ともいえます。GSCMは，「在庫をめぐるジレンマを適切にコントロールしつつ，グローバル・サプライチェーン（GSC）全体の最適な状態を，変化する市場環境に合わせて管理していくこと」ともいえるでしょう。

2.2　大量生産・大量消費パラダイムとその限界

　在庫について，これまでの典型的な経営管理モデルではどう管理されてきたかを整理してみましょう。企業活動を単純化し，製造部門，物流部門，販売（営業）部門の3つの主体から構成されるとして，各部門の行動と在庫の関係について説明します。

　営業部門は通常，売上高で評価されます。売上を拡大するには在庫はどうすればよいでしょうか。D社のケースでも明らかなように，売上高拡大のためには多様な商品の販売機会損失を最小限に抑える必要があります。また大口取引

には多少値引きしても（売上原価を上回った価格であれば），利益額も大きくなります。そのため，営業部門の立場からは，大口取引に備えて，できるだけ多くの在庫をもつことが「正しい行動」となるわけです。

物流部門には，物流原価を最小とすることが期待されています。物流原価とは製品1個当たりにかかる物流コストのことです。たとえば，海外の工場から海上コンテナで輸送し日本へ輸入する場合を考えてみましょう。海上コンテナ輸送では，発着地と期日が決まればコンテナ1本単位で運賃が決まります。つまり，貨物の内容や積載効率と運賃は関係ありません。このため，物流原価を最小にするためには積載効率を上げてコンテナを満杯にして輸送すればよいということになります。たとえば，コンテナが満杯になるまで待ち，それまでは輸送しない。あるいは，逆に，2カ月，3カ月先の貨物までをあらかじめ先行的に手配し，コンテナを満杯にしてから輸送すればよいというわけです。もちろん，この場合には輸送の前後の工程でかなりの在庫が発生してしまうことはいうまでもありません。

製造部門には，製造原価を最小とすることが要求されます。そのためには，たとえば生産ラインの段取り替えによるアイドル時間（生産設備が稼働していない待機時間）をできるだけ削減し，製造時間，製造機械の稼働時間を長くすること，つまりできるだけ機械を止めずに連続運転することが効率的です。玩具メーカーB社の事例では，製造部門は人形の頭や胴の部分だけを，段取り替えを行わずに大量生産することで原価を抑制していました。この結果，頭と胴体との大量の仕掛品在庫が発生するわけですが，製造原価の最小という目標からすると必ずしも間違った行動ではないのです。

では，製品ライフサイクルが衰退期に入ったために在庫が陳腐化し，販売できなくなったような場合にはどのような問題が発生するのでしょうか。これがA社，B社で取り扱ったケースです。4つのケースとも「商品の多様化」と「製品ライフサイクルの短縮化」が原因となり，これまで当たり前であった「大量生産・大量消費」を前提とする経営システムが機能不全を起こし，危機的な状況に陥っていることが理解できると思います。

では，高度なIT（情報技術）を活用することにより「大量生産・大量消費」をやめ，「多品種少量生産・多頻度小口販売」に切り替えればよいと思われるかもしれません。しかしながらそれではコストが確実に増加します。

「大量生産・大量消費」という経済構造は，経営システム設計の考え方，組

織管理方式，業績評価システム，取引形態などにも強い影響を与えており，い
わば一貫したパラダイム（通念，常識，基本的な考え方）ともいえる強固な一種
の均衡状態になっています。これを「大量生産・大量消費パラダイム」と呼び
たいと思います。BRR（ビジネス・プロセス・リエンジニアリング）といった，単
純なスローガンや IT 整備だけではこの均衡状態を脱することは容易ではあり
ません。

　なぜ大量の在庫が発生してしまうのでしょうか。理由は，経営者が機能別組
織（営業，物流，製造など）に売上最大と原価最小という目標を与えたからにほ
かなりません。つまり「営業部門に売上最大，物流部門に物流原価最小，製造
部門には製造原価の最小」という目標を与える業績評価システムは，必ずしも
正しくないということになります。

　売上最大と原価最小という目標に各機能部門が忠実に従えば従うほど，機能
組織間の緩衝在庫や製品在庫は拡大していきます。商品の多品種化と同時に製
品ライフサイクルの短縮化が進む環境下では，これらの在庫の資産価値の劣化
が起こり，特別損失が発生してしまうのです。このときになってはじめて経営
陣はこう問いかけるのです。「この不良在庫の特別損失の責任者は一体誰なの
だ？」と。

　各機能部門は，経営者が提示した目標の達成のために努力しました。しかし
ながら部分である機能組織で努力すればするほど緩衝在庫（需給のバランスをと
るための在庫）は増大し，在庫が陳腐化すると利益は減少するのです。この現
象は GSCM において「部分最適の総和が全体最適になるわけではない」とし
ばしば表現されます。つまり，当初の目標の設定が誤っていたわけです。

　では，なぜ経営陣はこのような間違った目標を設定しがちなのでしょうか。
それは「過去にはこの目標設定が正しかった」からです。つまり，「比較的商
品の多様性が少なく，生産から販売終了までの製品ライフサイクルが長く，製
品が陳腐化するまでに十分な時間があり，在庫の流動資産としての価値が劣化
しない」という条件が満たされれば，いくら緩衝在庫や製品在庫があっても問
題はなかったのです。つまり大量生産・大量消費システムのパラダイムのもと
で製造部門，物流部門，販売部門がそれぞれ独立して部分最適を追求すれば，
それが自然と全体最適となる方程式が成立していたのです。この場合，会計情
報，たとえば各機能組織の損益計算書（Profit and Loss Statement: PL）の目標利
益を各機能組織に適用しても誤りではなく，取引形態も規模の経済を考え，大

口顧客で大量に購買する取引先には多少の値引きがあってもよかったわけです。

ところが,「商品多様性の拡大」「製品ライフサイクルの短縮化」によって,緩衝在庫の増大,在庫の陳腐化リスク,不良在庫のリスクが拡大してきました。大量生産・大量消費のパラダイムが基礎としている前提条件,在庫は当初の想定価格でほぼ確実に販売できる,という条件が成立しなくなっているわけです。このことが GSCM という考え方が提唱された背景にあります。次節ではこの変化を詳しくみてみることにします。

3 GSCM とパラダイム・シフト

では何をどう変革すれば,これまでの経営管理の考え方である「大量生産・大量消費パラダイム」から新しいパラダイムへの変革が可能となるのでしょうか。

表3-1の1列めには,パラダイム・シフトを記述する5つの軸,①経営システム・デザインの前提条件,②**経営システムの設計思想**,③組織管理方式,④業績評価システム,⑤取引形態が表示されています。

第2列は「大量生産・大量消費パラダイム」のもとでの考え方,第3列は新しいパラダイム「**アジリティ**(俊敏性)**・パラダイム**」のもとでの考え方が示されています。

①経営システム・デザインの前提条件

「大量生産・大量消費パラダイム」では,製品の需要がある程度予測でき,生産時点で想定された価格で販売できるということが暗黙の前提条件とされていました。流動資産としての在庫は価値が劣化することはありません。しかしながら,この前提条件は現代では成立しません。このため,新しいパラダイムでは**需要の不確実性**を前提とすることが必要となります。

②経営システムの設計思想の変革の必要性

「大量生産・大量消費パラダイム」では「地域拠点や機能組織別の部分最適」の総和は全体最適と同等でした。しかしパラダイム・シフトを経て,その方程式は成立しなくなりました。このため,経営システムの設計思想を「環境変化に適応し,SC 全体を常に最適な状態に維持し続ける」という考え方(SCM)に変革することが重要となってきました。これをグローバルな企業活動に適用したのが GSCM です。つまり,GSCM は新しいパラダイムのもとでの「経営

表 3 - 1　パラダイム・シフトと GSCM の位置づけ

経済構造の パラダイム・シフト	大量生産・大量消費パラダイム ➡	アジリティ（俊敏性）・パラダイム
経営システム・デザイン の前提条件	需要の予測可能性 ➡	需要の不確実性
経営システムの設計思想	機能別組織，拠点の部分最適 ➡	GSCM（サプライチェーン全体の ダイナミックな最適化）
組織管理方式	現場ヒューマンウェア主義 ➡	先端 IT を利用したホリスティックな 視点からのマネジメント（S&OP）
業績評価システム	財務会計システム （＝全部原価計算システム） ➡	スコアカードによる プロセス・パフォーマンスの評価（BSC）
取引形態	原価＋αによる価格設定 大量購買によるバーゲニン グ・パワー ➡	・リスクを流通させる取引構造 ・リスク・テイクが付加価値の源泉 　となる価格設定（CPFR）

（出所）　筆者作成。

システムの設計思想」であり「地域拠点や機能別組織の部分最適の総和が自動
的に全体最適となる」という「大量生産・大量消費パラダイム」に代わるもの
といえるでしょう。

　③組織管理方式の変革

　「地域拠点や機能組織別の部分最適」を追求すれば自動的に全体最適となる
ことを前提条件として，各機能組織の現場がそれぞれ独立に部分最適の管理を
行う，いわゆる「現場ヒューマンウェア主義」が以前は組織運営の手法として
有効でした。経営層が何もしなくても，機能別組織が個々の目標を達成すれば，
自動的に全社の利益が最大になっていたというわけです。しかしながらこの考
え方は陳腐化し GSC 全体で経営環境の変化に俊敏に適応しなければいけなく
なりました。

　では，GSC 全体での俊敏性を確立するにはどうすればよいのでしょうか。
新しいパラダイムでは「組織全体の活動の最適化を常に俯瞰しながら総合的に
マネジメントすること」が重要となります。複雑な市場や企業活動の状況を緻
密に分析し判断を下すためには先端的な IT を活用することも重要でしょう。
これまで現場に任せていた業務にも変革が必要です。これが企業内意思決定機

構の変革「戦略実行計画（Sales and Operations Planning: S&OP）」が提唱されてきた背景です。S&OP については第8章で詳述します。

④業績評価システムの変革

各機能組織の**業績評価**には，会計システムを適用し売上拡大や項目別の原価の目標を各組織に与え，目標実現に貢献した組織を会計システムにより評価するという方法が「大量生産・大量消費パラダイム」では機能していました。新しいパラダイムにおける機能別組織の業績評価には，プロセス・スコアカードが有効であるといわれています。プロセス・スコアカードは，各機能組織のビジネス・プロセスのパフォーマンス（勘定科目ではなくプロセス指標）を直接スコアカードという形態で評価する手法です。

⑤取引形態の変革

また，**取引形態**の変革も必要となります。大量生産・大量消費パラダイムでは，原価＋αで価格設定をしており，大量に買ってくれる顧客に多少値下げしても利益が獲得できていました。新しいパラダイムのもとではリスクも要素として取り入れることが重要となります。流通業で採用されている CPFR（協働・事業計画・需要予測・補充方式）などはその典型例です。

◆レビュー・クエスチョン

1　第1節で紹介した4つのケースでは何が問題なのか説明しなさい。
2　4つのケースの背景には，共通の経営環境変化がありました。整理して説明しなさい。
3　大量生産・大量消費パラダイムとはどのようなものか説明しなさい。
4　アジリティ・パラダイムとはどのようなものか説明しなさい。
5　パラダイムの移行がなぜ必要となったのか説明しなさい。
6　GSCM におけるパラダイム・シフトとは何か，何をどう変革することなのか説明しなさい。

〈引用・参考文献〉

ダイヤモンド・ハーバード・ビジネス編集部編［1998］『サプライチェーン理論と戦略——部分最適から「全体最適」の追求へ』ダイヤモンド社

藤野直明［1999］『サプライチェーン経営入門』日本経済新聞社（日経文庫）

第4章
グローバル・ネットワーク・デザイン

学習の目的
☐ グローバル・ネットワーク・デザインの基本的な形式であるハブ＆スポークを解説し，どのようにネットワークが形成されたのか，そのメカニズムとハブの利用の重要性について学びます。
☐ ハブ＆スポーク・ネットワークを形成するキープレイヤーであるキャリアの視点から，直行ネットワークについて考えます。
☐ GSCM において，荷主の視点からグローバル・ネットワーク・デザインをどのように構築していくべきかを理解します。

Keywords ―――

リードタイム短縮，在庫削減，キャリア，フォワーダー，ノード，リンク，直行ルート，ハブ＆スポーク

1 グローバル・ネットワーク・デザインとネットワーク類型

1.1 グローバル・ネットワーク・デザインとは

グローバル・ネットワーク・デザイン（Global Network Design: GND）とは，国境を越える国際的な輸送ネットワークをデザイン（設計）することです。直訳すれば，国際的な輸送網設計となります。国際的な輸送網には航空，海運のほか，鉄道，道路，そして資源輸送に使われるパイプラインがあります。

　航空網は，空港と空港をつなぐネットワークであり，上空を3次元空間としてとらえた「航空路」という空の道が設定されています。国土交通省航空局によると，国際民間航空機関（International Civil Aviation Organization: ICAO）が，世界の空を分割し，飛行情報区（Flight Information Region: FIR）を設定し，各

国が指定 FIR において，航空機の航行に必要な各種の情報の提供または捜索救難活動を行うとされています。航空ネットワークを使った輸送網では最短距離を使うことが多いですが，実際の航空路は軍事的な理由や国交の有無によって制約を受けることもあり，必ずしも最短距離を飛行するとは限りません。また，地勢学的な要衝に短距離の近隣航空ネットワークと長距離の大陸間輸送ネットワークが集積する空港があり，ハブ空港と呼ばれています。

　海上輸送網は，港湾と港湾とをつなぐ輸送ネットワークです。どこの国にも所属しない公海は原則，航行が自由ですが，各国の排他的水域や領海内には航行規制があり，また国際海事機関（International Maritime Organization: IMO）によって，公海上での衝突防止のための国際ルールが決められています。国際航路としては，太平洋航路（アジアと北米・中南米を結ぶ航路），アジア・欧州航路，大西洋航路（欧州と北米・中南米を結ぶ航路）やオーストラリア航路（北半球とオーストラリアを結ぶ航路）などがあります。また各国，地域には，国際航路を行き来する大型船と多数の地域内航路を結ぶ小型船ネットワークが集積する港湾があり，ハブ港と呼ばれています。

　道路や鉄道網に関しては，ユーラシア大陸の東西南北それぞれに国際輸送道路や国際輸送鉄道があります。ユーラシア大陸を横断するシベリア鉄道や中国鉄道は，アジアと欧州を結ぶ重要な輸送ルートとして，とくに海に面していない内陸国同士を結ぶネットワークとして機能しています。国際空港や国際港湾は，それそのものが国境としての役割を果たしていますが，道路や鉄道は，通過する国境に税関（Custom），出入国管理（Immigration），検疫（Quarantine）機能（併せて CIQ といいます）をおいています。国境では，出国手続きをしたあとに，入国続きをします。それぞれ出国側，入国側にゲートがあります。出国ゲートと入国ゲートの間には，両国で管理される共用スペースがあり，一時的にこのスペースを通過します。また，人だけでなく，輸送機材（トラックや鉄道車両）も，両国政府によって承認され発行された証明書の検査を受け，出入国の手続きをします。

　企業が扱う貨物は，完成品，半製品，部品など複数，場合によっては数十，数百に及ぶことがあり，これらをそれぞれ最適な国際輸送網を使って，一定のコスト制約のなかで，パフォーマンスを最大化（**リードタイム短縮**，**在庫削減**，機会損失の解消など）するように，国際輸送網を構築します。規模が大きく，取り扱い品目の大きな大企業の場合，そのサプライチェーンの数が増え，デザイ

ンすべきグローバル・ネットワークの数は，輸送対象の貨物の種類と輸送ルートとの掛け算の数になります。さらに，ドア・ツー・ドアで輸送を考えた場合，輸送モードの組み合わせが必要になります。つまり，トラックで貨物をピックアップし，拠点となる港湾や空港まで運び，その後，航空機や船舶で輸送し，そして港湾や空港で荷卸しし，その後トラックで目的地まで輸送することになります。

　輸出入等国境の手続きを含めると，自社だけでは，また取引先とだけでは対応できません。そこで，これらグローバル・ネットワーク・デザインは輸送事業者が支援し，請け負う形で担っています。この輸送事業者には自ら船舶や航空機やトラックの輸送手段をもち運航する事業者（**キャリア**）と，自らは輸送手段をもたない事業者（**フォワーダー**）があります。自分の荷物を輸送する荷主がすべてのネットワークをデザインするのが本来ですが，輸送量そのものも膨大になることが多く，かつ繁忙期や閑散期といった時期的な輸送条件の変動があるため，輸送手段の確保に安定性が求められます。国際キャリアや国際フォワーダーなどの特殊なノウハウをもつ事業者の存在意義はここにあり，専門的な知識とグローバルな経験が必要とされます。

1.2　グローバル・ネットワークとしてのハブ＆スポーク

　グローバル・サプライチェーン・マネジメント（GSCM）戦略のなかで，グローバル・ネットワーク・デザインの目的は次のようになります。

・リードタイムの短縮（発注から製品の到着までの期間をできるだけ短くする）

・ドア・ツー・ドアの輸送コストの低減

・在庫圧縮

　これらを目的とし，全体最適化のためにキャッシュフロー（収入から支出を引いた金額）の最大化をめざします。また，ボトルネックの発見と解消を想定し，固定的なデザインではなく，フレキシブルな，つまり代替性をもつネットワークをデザインする必要があります。グローバル・ネットワークはおもに貨物の流動量の多い世界の大動脈，たとえばアジア・欧州や太平洋横断などの基幹ネットワークによって類型化されます。

　ここでは，ネットワークを物理的かつ視覚的にとらえることができる工学的な観点で，グローバル・ネットワークの構成要素について説明します。

　ネットワークの構成要素としては，**ノード**（結節点）と**リンク**（連結させる線）

図4-1　ネットワークの構成要素（ノードとリンク）

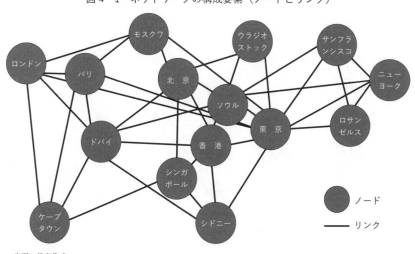

出所：筆者作成。

があります。ノードは起点，中継点，終点をあらわします。また，リンクはノードとノードを結んでおり，物流ととらえることができます。たとえば，図4-1をみると，グレーの丸がノードで，ノードを連結している線がリンクです。国際物流のモードにおきかえると，ノードは空港，港湾，鉄道ターミナル，トラックターミナルなどになり，リンクは航空路，海上輸送航路，鉄道，道路などになります。

1.3　ネットワークの類型──直行とハブ＆スポーク

　国際物流を考える場合，起点から終点まで積み替えなしに直行便で輸送する直送が最もよいとされます。その理由は，最短距離であることから，距離に比例する時間とコストも最小化できるためです。リードタイムの短縮という観点からも望まれます。しかしながら，ネットワークの構築にあたっては，キャリア（輸送事業者）ビジネスという観点でみる必要もあります。たとえば，キャリアもできるだけ輸送効率を高めるため，最短距離を通り，輸送したいと考えます。しかし，荷主の数が増え，起点が増加し，他方で配送地点（終点）も増加すると，「（起点数）×（終点数）」だけの輸送手段を確保し，**直行ルート**を形成する必要がでてきます。たとえば，5起点×5終点で，25直行ルートが必要となります（図4-2の左図）。25の直行ルートにすべてサービス提供するに

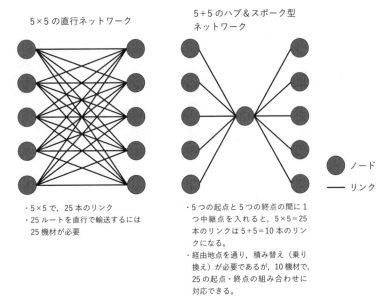

図4-2 直行ネットワークとハブ&スポーク型ネットワーク

5×5の直行ネットワーク

5+5のハブ&スポーク型
ネットワーク

● ノード
— リンク

・5×5で，25本のリンク
・25ルートを直行で輸送するには
25機材が必要

・5つの起点と5つの終点の間に1
つ中継点を入れると，5×5＝25
本のリンクは5+5＝10本のリン
クになる。
・経由地点を通り，積み替え（乗り
換え）が必要であるが，10機材で，
25の起点・終点の組み合わせに
対応できる。

出所：筆者作成。

は，25台の機材（飛行機，トラックなどがおもに想定されます）を用意しなければ
なりません。

　この直送に対して**ハブ&スポーク**は，この5起点×5起点の間に中継点を設
けます。5つの起点と中継点を結び，中継点と5つの終点を結びます（図4-2
の右図）。中継点で積み替えますが，5+5＝10台の機材で，25の直行ルートと
同じ輸送サービスを提供することが可能になります。ハブとは自転車の車軸，
スポークは車軸から延びた支線です。車軸が中継点で，中継点と起点，中継点
と終点を結ぶリンクがスポークに似ていることから，こう名付けられました。

　キャリアの視点でみると，25機も輸送機材を投入するのは投資規模も大き
くなり，ビジネスリスクも大きくなります。投入しただけの貨物需要を取り込
めない場合，費用をカバーできるだけの収入が期待できません。10機は25機
の4割であり，単純に計算すれば，投資規模も4割になります。キャリアの視
点に立てば，6割も投資コストを削減できます。これによって荷主の需要を満
たす輸送サービスが確保でき，リスクも軽減できます。

　運輸業界の規制緩和によって，事業者間の競争が激しくなり，事業リスクが

高まることで，投資に対して慎重になる姿勢がみられるようになりました。1978年のアメリカ航空業界の自由化，その後の80年代におけるEU（欧州連合）での航空自由化が各国にハブ空港化を促進させてきました。航空会社は特定の空港をハブ空港にして拠点をおき，顧客を迎え，ハブ空港から送り出すというネットワークを形成するようになり，ハブ空港が各地にできるようになりました。

　ネットワーク・デザインを考えるうえで，ハブ空港を使うメリットは多く，その1つが多頻度ネットワークによる利便性です。航空でも海運でも鉄道でも，ハブでは，1日1便ということはありません。また1便であったとしても，ハブ空港であるからこそ，地域の需要を集約して，束ねることで路線が成立しているというケースがあります（ハブ空港から小さな都市にスポーク〔路線〕が延びることによって地域ネットワークが広がっています）。GSCMの目的達成のためのネットワークをデザインするうえで，ハブ空港の活用は欠かせない視点です。

2　キャリアによるグローバル・ネットワークの形成

2.1　航空会社（キャリア）のグローバル・ネットワーク

　グローバルにみた貨物のハブ空港は，貨物スループット（貨物取扱量）の大きな空港がそれにあたります。世界の空港のトップ10をみると，有名な香港，上海，仁川，台北，マイアミ，ロサンゼルス，東京／成田以外にも，メンフィス，アンカレッジ，ルイビルなど，あまりなじみのない空港が目に付きます（表4-1）。貨物ハブ空港は，地勢学的なロケーションが絶対的に重要です。たとえば，メンフィスやルイビルは北米大陸の中心部にあたり，またアンカレッジは，アジアと北米・欧州の中継点に位置し，航空機の航続距離が短かった1980年代後半まではアジア・欧州航路の給油基地になっていました。これらの空港は，スポークによって，貨物を集約するのに適した位置にあるといえます。また，グローバル・キャリア（貨物航空会社）が本社や支社をおいています。つまり，ハブ空港は，キャリア（航空会社）の経営戦略の1つであるネットワーク形成戦略の結果，ハブ空港になっているとみることができます。

　規制緩和が進んで，グローバル・ネットワークは，ハブ＆スポーク型のネットワークによって輸送網の構築が進んできましたが，他方でハブ＆スポーク型ネットワークの弱点は，積み替えが発生し，長い距離を遠回りするということ

表 4‑1　世界の航空貨物取扱量トップ 20 空港（2022 年）

順位	国・地域	空港名	貨物量（トン）
1	香港/中国	香港	4,198,937
2	アメリカ	メンフィス	4,042,679
3	アメリカ	アンカレッジ	3,462,874
4	中国	上海／浦東	3,117,216
5	アメリカ	ルイビル	3,067,234
6	韓国	ソウル／仁川	2,945,855
7	台湾	台北／桃園	2,538,768
8	アメリカ	マイアミ	2,499,837
9	アメリカ	ロサンゼルス	2,489,854
10	日本	成田／東京	2,399,298
11	カタール	ドーハ	2,321,920
12	アメリカ	シカゴ／オヘア	2,235,709
13	ドイツ	フランクフルト	1,967,450
14	フランス	パリ／シャルルドゴール	1,925,571
15	中国	広州/白雲	1,884,784
16	シンガポール	シンガポール	1,869,600
17	アメリカ	シンシナティ	1,794,451
18	アラブ首長国連邦	ドバイ	1,727,815
19	ドイツ	ライプツィヒ	1,509,098
20	中国	深圳	1,506,959

出所：Airport Council International ウェブサイト（ACI World）"International travel returns：Top 10 busiest airports in the world revealed."（https://aci. aero/2023/04/05/international-travel-returns-top-10-busiest-airports-in-the-world-revealed/）（2023 年 10 月 6 日アクセス）

です。積み替えは，荷物の取り間違えなど紛失リスクを高めます。したがって，直行の方が利便性と信頼性が高いといえます。

　こうしたハブ＆スポーク型のデメリットに対して，航空需要全体の増加によって，直行便が成り立つ（ビジネスとして成立する）状況が生まれてきました。利用者，とくに旅客は乗り換えよりも直行を好むため，こうしたニーズを汲み取って生まれてきたビジネスモデルがローコスト・キャリア（LCC）といわれる航空輸送サービスです。旅客で始まり，貨物にもその傾向が出てきました。従来では満載重量 100 トン以上の大型の機材での輸送が国際貨物輸送のおもな輸送手段でしたが，近距離を中心に満載重量 15 トン程度の小型の機材による直行サービスも始まっています。

　なお，ここでは航空ネットワークを中心に航空機という機材で説明してきましたが，このネットワークと機材の関係は航空以外の海運（船舶），道路（自動車），鉄道（貨物列車）などのすべての輸送機関の場合も同様に考えることができます。一般的にこのハブ＆スポークの形を取りやすいのは海運と航空であり，

海運はハブとなる港湾に対して，海運，鉄道，トラックがスポークになります。また，航空も同じく，航空，鉄道，トラックがスポークになります。さらに，鉄道ターミナルやトラック・ターミナルがハブとして機能することもあり，多くの場合トラックがスポークになります。

2.2　海運会社（キャリア）のグローバル・ネットワーク

　海運ネットワークで，ネットワーク・デザイン上重要となるのは，コンテナ輸送です。コンテナ輸送は，規格化された箱に日用雑貨品から機械工業品まで幅広い貨物が入れられ運ばれています。また規格化されているので，コンテナの荷卸し，積み替え，移動，保管（これをコンテナ・ハンドリングといいます）の手順が標準化されています。また輸送サービスの提供者（いわゆる外航海運会社）も多数いるので，選択肢が多く存在します。空港と同じように，グローバルな拠点となる港湾が世界各国に存在し，その拠点となる港湾はハブ港となっています。ハブ港には，20フィート（約6メートル）の長さのコンテナ2万個（2万TEU〔Twenty-foot Equivalent Unit〕とあらわします）以上を積載できる大型船が寄港します。アジア・欧州航路には，内航海運ネットワークや近距離国際海運ネットワーク，さらには内陸水運，鉄道や陸上トラックをスポークとしてもつ超大型のハブ港があります。上海港はまさにこのタイプです。欧州ではロッテルダムやハンブルグがこのタイプのハブ港です。ロサンゼルス（北米西岸）やニューヨーク・ニュージャージー（北米東岸）の港湾もハブ港ですが，ネットワーク上，アジア・欧州航路と比較して太平洋航路や大西洋航路はノードの数が少なく，投入される船舶の規模もアジア・欧州航路の半分ぐらいの規模になっています。

　このように国際コンテナ輸送ネットワークは，ハブ＆スポーク型がほとんどです。しかし，近距離航路，たとえば日本と韓国・中国のおおむね1000km程度の距離の国際間輸送には，小型船（数百TEU, 1000TEU～2000TEU）によって，直行航路ができています。直行航路は比較的小さな港とハブ港をつなぐ役割もありますが，小さな港同士を結ぶ直行の航路として，とくに西日本や日本海側の港と韓国や中国の港に直行航路ネットワークがあります。

　他方，バルク貨物（穀物，石炭，鉄鉱石，石油などの資源）は，特殊な船舶によって，生産地から消費地に直送され，サプライチェーン上のネットワーク・デザインのための選択肢は多くありません。産地と消費地が決まっているので，

この2地点（起点と終点）を結ぶのみです。

このように航空，海運ネットワークを中心に，グローバル・ネットワークの形成要因とハブ＆スポークについてみてきました。GSCMのネットワーク・デザインは，マネジメント対象の製品を輸送するのに，リードタイム，コスト，在庫削減などの期待される効果を考慮しながら，「直行」か「ハブ＆スポーク」かを総合的に判断し，ニーズにあった最適なネットワークを構築することが重要です。サプライチェーン・マネジメント（SCM）の観点に立ち返ると，リードタイムとコストのバランスをみながら，輸送ロットを調整しつつ，欠品しないための補給体制（最低在庫水準）を維持することを条件にネットワーク・デザインの目的を決めていくことが必要になります。

3　フォワーダー・ビジネスとグローバル・ネットワーク・デザイン構築の留意点

3.1　フォワーダー・ビジネスの特徴

キャリアが提供するのは，貨物輸送のスペースです。このスペースは，需要の発生とタイミングが合わなければ，無駄になってしまいます。キャリアやフォワーダーのサービスが製造業や小売りなどの商業と大きく違う点は，需要と供給が同時に発生するため，需給が一致したときのみ収入を得ることができるという点です。供給しているときに需要がなければコストだけが残ります。そこで，稼働率という概念がとても重要になります。たとえば，100台のトラックを1年間に300日稼働させたとすると，1日3万台分のスペースが発生するとします。運ぶものがなくて，駐車場に止まったままで稼働していないとするならば，年間に1日3万台の輸送スペースを失うことになります。収入ゼロで，コストだけがかかります。グローバル・ネットワークでは，日々輸送スペースが提供され，そのスペースが満載であればいいのですが，運ぶ貨物がなく，空で運航していることもあります。需給が適切にマッチしていないために起こる事象です。

市場が細分化し，多品種少量の製品群が大量にある場合，コンテナ1本分の貨物か，それ以上の貨物を毎日出荷できる荷主はほとんどいません。段ボール10箱程度とか，パレット（荷物を単位数量にまとめて載せる台）2台分などの貨物量を出荷する荷主が大多数です。こうした荷主にはコンテナ1本という輸送ス

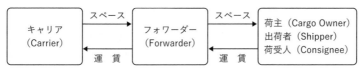

図 4 - 3　キャリア，フォワーダーのビジネスモデル

出所：筆者作成。

ペースは大きすぎます。ここに，キャリアと荷主の中間に立つ輸送スペースの流通業者としてのフォワーダーの役割があります。フォワーダーはキャリアから輸送スペースを購入し，スペースを小分けして，荷主に販売します（図4-3）。このスペースを小分けし，販売し，その差額の利益を得るビジネスは，混載業といわれます。キャリアから買い取ったスペースを小分けして，トータルで，買い取った価格を上回るように荷主に販売する（混載差益）ビジネスです。荷主としても，キャリアから1本のコンテナ・スペースを買い取る必要はなく，多少割高でも必要なスペース分だけの輸送スペースがあれば足りますので，ニーズは高いといえます。

　グローバル・ネットワーク・デザインにおいて，実際に輸送ネットワークを提供しているのはキャリアですが，ビジネス上はフォワーダーに委託することが重要になります。その理由は，フォワーダーは中間業者として，荷主がもつ情報よりもより多くのキャリア情報をもっているため，ときには荷主が欲しいネットワークを探すことも可能だからです。

　他の産業と同じように，キャリアやフォワーダーが，高い市場占有率をもつ場合，強い立場にたって，有利にビジネス交渉を進めることができます。規制緩和や競争が進むとマーケット・シェアをとり，市場占有率を高めようと行動します。

　荷主は，こうしたビジネス環境を前提に，キャリアやフォワーダーと交渉し，グローバル・ネットワーク・デザインを進めていく必要があります。この点については，次の項で詳述します。

　荷主はこうしたキャリアやフォワーダーのビジネスとしての特徴を理解し，荷主自らのリスクを最小化し，安定的にグローバル・ネットワークが機能するようにネットワークをデザインします。最も重要なことは，グローバル・ネットワーク・デザインがSCMの目標であるキャッシュフロー（財務指標）の改善を図ることができるように設計されているかどうか，そしてその改善がみえる

化されているかどうかです。

3.2　グローバル・ネットワーク・デザイン構築の留意点

　グローバル・ネットワーク・デザインにおいては，取り扱う製品の特性に応じて，どのようなネットワークを選択すべきかの判断基準があります。企業活動においてネットワーク・デザインは一過性のものではなく，定常的に一定の期間，たとえば1年間という一定の会計期間か，それ以上の年数で，安定的に製品を供給するために構築します。需要動向やサプライヤーの制約などは常に変動していますので，サプライチェーンの安定性は重要ですが，短期間でも変化に対応するという柔軟性が必要となります。また，少なくとも，経営の視点からは会計年度に少なくとも1回はグローバルなサプライチェーン・ネットワークの見直しが必要になります。現実的に複数製品を取り扱う荷主が顧客の場合，キャリアやフォワーダーはそれぞれの製品ごとにグローバル・ネットワークを構築していく必要があります。また，実際にオペレーションに移すには，以下のようなステップがあります。

　①品目別・起点終点別年間数量，輸送量の見通しを立てる。

　②品目に求められる輸送条件（リードタイム，許容所要日数，輸送頻度，輸送ロット，振動，温度，湿度）を明らかにする。

　③輸出入者の間で取り決めた貨物輸送責任の範囲，輸出入諸手続きを輸出入者のどちらが行うかの責任範囲を明らかにする。

　④①〜③の条件を提示したうえで，この国際輸送サービスを提供可能な事業者（キャリアやフォワーダーなど）に提示し，競争入札を実施する。

　グローバル・ネットワーク・デザインは，国際輸送特有の手続きによって，不確実性（リスク）が大きくなる傾向にあります。扱う製品は変わらないとしても，移動する距離と範囲が国内輸送とは比較にならないほど長く広くなり，また国境を越えるために必要となる手続きは，煩雑になります。その結果，簡単にネットワークがデザインできるとは限りません。理想とするノードとリンクを通り，最短経路で輸送し，そしてリードタイムとコストを最小化することは実際には非常に難しく，現実のビジネスでは，最適ではない輸送経路でネットワークがデザインされることがあります。

　たとえば，グローバル・ネットワークをもち国際輸送サービスを提供している企業で，かつキャリアやフォワーダーとして両方の機能をもち，ドア・ツ

ー・ドアで顧客（荷主）に輸送サービスを提供できるインテグレーターという事業者（プレイヤー）がいます。インテグレーターは欧州やアメリカにハブ空港をもっています。欧州系のインテグレーターに国際輸送サービスを依頼すると，日本発北米行きの貨物でも，欧州を経由して輸送されることがあります。欧州系のインテグレーターの自社ネットワークを利用する方が，北米直行ルートをもつ他社に委託するよりもコストを抑えられるからです。国際輸送サービスは競争状態にあり，競争相手に委託すると非常に高い価格となるのです。

　こうしたネットワーク・デザインにおいて，提案するプレイヤーが得意・不得意とする分野をもっていることを理解しておくことは，リスク回避上とても重要です。なぜなら，自社直営で輸送サービスを提供している企業は，直営であることによって自社で直接コントロールできることから信頼性が高く，他方で再委託が多い企業は，再委託先（独立した別の企業）の管理，とくに輸送サービスのクオリティ・コントロールに時間と手間をかけなければならないからです。グローバル・ネットワーク・デザインにおいて，国際輸送サービスの信頼性の確保は重要な問題であり，企業活動，とくに企業間取引の生命線の１つです。そのため，できるだけリスクを回避し，信頼性の高いグローバル・ネットワークをどのように構築するか，常に国際輸送にともなうリスクを意識しながら進める必要があります。

　なお，委託するキャリア，フォワーダー，インテグレーターなどの国際物流事業者に対して，サービスレベルを保証させる方法として，守れない場合の罰則規定を含む最低サービス補償契約である SLA（Service Level Agreement）を締結する方法があります。いまでは，SLA の締結はこの業界において当たり前になってきています。

◆レビュー・クエスチョン
　1　グローバル・ネットワーク・デザインが必要となる背景と，GSCM におけるグローバル・ネットワーク・デザインの役割についてまとめなさい。
　2　グローバル・ネットワークを構成するプレイヤー（キャリア，フォワーダー，インテグレーター）のそれぞれの役割についてまとめなさい。
　3　グローバル・ネットワーク・デザインを実際に実行するときに留意しなればならない点を箇条書きで３点以上あげなさい。

〈引用・参考文献〉

角井亮一［2022］『最新 EC 物流の動向と仕組みがよ〜くわかる本――ネット社会に
　おける物流の未来を摑む』秀和システム

DIAMOND ハーバード・ビジネス・レビュー編集部編・訳［2006］『サプライチェー
　ンの経営学』ダイヤモンド社

藤野直明［1999］『サプライチェーン経営入門』日本経済新聞社（日経文庫）

第5章

在庫管理の理論

学習の目的
☐ 在庫の意味，種類，評価方法について広く理解します。
☐ 適正な在庫注文の決め方について学びます。
☐ 在庫を通じた経営戦略を理解し応用できるようにします。

Keywords ―――

在庫回転率，在庫回転期間，在庫コスト率，ABC 分析，経済的発注量（EOQ），リードタイム・ギャップ，デカップリング・ポイント

1　在庫とは何か

在庫管理はグローバル・サプライチェーン・マネジメント（GSCM）の根本的な課題です。サプライチェーン（SC）において，消費者が手に取る最終財から，製造業の原材料や中間財に至るまで，在庫がなければ経営が成り立ちません。最終財の在庫がなければ顧客は他の店に行くか，他のブランドのものを購入するかもしれません。原材料や中間財の在庫がなければ，生産はストップしてしまいます。しかし，在庫をもつためには保管する費用がかかります。また，長期間保管すると製品が傷んだり陳腐化したり，賞味期限が切れてしまったりと，在庫管理にはリスクもともないます。そのため，在庫は少なければ少ないほどよいという考え方が長い間主流でした。ところが GSCM の考え方においては，在庫さえも付加価値を生むプロセスととらえるのです。本章では，在庫は単なる費用から付加価値を生む製品に転換できることを示します。

在庫が必要な理由は，商品の売れるタイミングと製造・仕入れのタイミング

が常に一致しているとは限らないからです。製品を売る側にとっては製品が手元にあること，またつくるときに資材や部品が手元にあることが重要です。在庫があることで，顧客からの注文に迅速に対応したり，生産ラインをスムーズに稼働させたりすることができるからです。また，次章で説明する需要予測に対応するためにも在庫が必要です。需要が予想以上に高まった場合でも，在庫があることで迅速に対応できます。さらに，生産の遅延や不良品が発生した場合でも，在庫があれば顧客への影響を最小限に抑えることができます。在庫は企業の生産性や顧客満足度を高めるために必要不可欠な要素だといえます。

では在庫とは一体何をさすのでしょうか。在庫には大きく分けて次の4つの種類があります。

①原材料・部品在庫：製品を製造するために必要な素材や資材，部品を保管するための在庫です。たとえば，自動車メーカーが車を生産するために必要な部品や素材を保管しておく在庫が原材料・部品在庫にあたります。

②仕掛品在庫：製造工程の途中で完成していない製品を保管するための在庫です。たとえば，自動車の製造工程において，塗装工程や組立工程が完了しておらず，そのままでは販売できない半加工品の在庫が仕掛品在庫にあたります。

③パイプライン在庫：コンテナやトラックで輸送中の製品のことをさします。輸送中の製品も在庫の一種です。

④製品在庫：完成した製品を保管するための在庫です。製品が販売されるまでの期間，または急激な需要増加に備えて，ある程度の在庫を保管しておく必要があります。たとえば，スーパーマーケットの店舗や倉庫に保管される商品が製品在庫にあたります。

これら4つの在庫は，製造業や小売業など，さまざまな業種において必要なものであり，それぞれの業種や企業に応じた適切な在庫管理が求められます。

一方で，在庫を抱えると費用がかかります。費用には大きく分けて次の4つの種類があります。

①資金費用：在庫を保有するためには，商品や原材料の在庫そのものを購入する費用が必要です。これらの購入費用は，企業の資金が充てられるため，この費用のことを資金費用といいます。

②保管費用：在庫を保管するためには，倉庫や保管施設の維持費用が発生します。これには，倉庫の賃料，保管装置や設備の維持費，保険料などが含まれ

ます。また，在庫の管理や監視に人員を配置するための人件費も保管費用に含まれます。

③管理費用：在庫を管理するためには，発注や受領，棚卸し，在庫データの管理などの業務が必要です。これらの業務には人件費やシステムの維持費用がかかります。また，需要予測や在庫最適化のための分析やシステムの導入にも費用が発生します。

④リスクに対する費用：在庫が長期間保管されると，商品が盗難にあったり，劣化したりするリスクのほかに，商品の目新しさが失われ魅力がなくなったり（陳腐化）するリスクもあります。このような場合，商品を廃棄するか値引きして処分する必要が生じます。リスクに対する費用は，在庫の商品価値の棄損や廃棄にともなう損失を意味します。

2　在庫の効率性の評価

在庫は企業にとって財務上の負担になるため，長い間在庫は削減すべきものと考えられてきました。しかし，在庫が少なければこれらの費用を少なく抑えることができる一方，在庫がなければ企業経営が成り立ちません。そこで，在庫を最適化するために経営者は，生産ラインの効率化や需要予測の精度向上などを検討し，在庫の量を最適なレベルに保つように経営管理を行っています。また，在庫の回転率や滞留期間などを把握することで，在庫管理の改善点を見出し，経営効率の向上につなげることが求められています。そこで，在庫の効率性を測る代表的な指標を説明します。

①**在庫回転率**（inventory turnover）：一定期間内における売上高と平均在庫との比率を示す指標で，次の式であらわされます。

$$
在庫回転率 = \frac{売上高}{平均在庫数量}
$$

高い在庫回転率は，効率的な在庫管理を示し，在庫が迅速に売り切られていることを示します。低い在庫回転率は，在庫が滞留していることや需要との不一致があることを示します。

②**在庫回転期間**（inventory turnover period）：在庫が平均的に保有される期間を示す指標で，次の式であらわされます。

$$在庫回転期間 = \frac{平均在庫数量}{売上高 \times 期間（一般的には日単位）}$$

この指標は，平均的に在庫が何日間保有されているかを示し，需要との整合性を評価します。短い在庫回転期間は迅速な売上と効率的な在庫管理を示します。

③**在庫コスト率**（Inventory Carrying Cost Rate）：在庫保有に関連する費用の売上高に対する割合を示す指標で，次の式であらわされます。

$$在庫コスト率 = \frac{在庫保有コスト}{売上高}$$

高い在庫コスト率は，在庫保有にともなう費用の売上高に占める割合が高いことを示し，効率的な在庫管理のために改善の余地があることを示します。これらの指標をもとに在庫管理を行うことによって，効率的な在庫管理をすることが可能になります。

また，効率的な在庫管理を行うための実際的な方法として，売上高や売上数量，単価，利益などの重要度をもとに在庫を3つのグループに分け，それぞれのグループごとに異なる対応をする手法があります。これは，パレート分析ないし**ABC分析**と呼ばれ，在庫を A，B，C の3つのグループに分け，重要度順に並べます（たとえば A グループが最も売上高の高いグループ，C グループが最も売上高の低いグループ）。A グループには重点的に管理リソースを割り当て，C グループは簡素な管理で効率化を図る方法です。これは，売上高上位 20% の商品が全体の売上高の 80% を占めるという経験則から導かれています。たとえば，グループ別に次のような管理をします。

A（上位 20%）　→在庫を増やし，在庫切れを防ぐ

B（上位 20% 以下 50% まで）　→品切れしないようにする

C（下位 50%）　→取り扱いを再考する

これにより，在庫管理の効率性を向上させ（費用を低減させ），リソースの最適な配分を実現することができるようになります。

3　経済的発注量（EOQ）モデル

在庫をどれくらいもつべきか，新たな在庫をどれだけ発注するか，といった

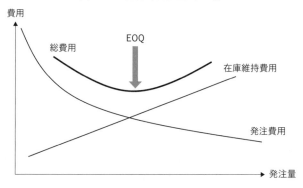

図5‑1　経済的発注量（EOQ）

費用

総費用

EOQ

在庫維持費用

発注費用

発注量

出所：筆者作成。

　問題はロジスティクスや GSCM の基本的な問題です。そこで，この問題を考えるために**経済的発注量**（Economic Order Quantity: **EOQ**）という考え方を紹介します。EOQ とは，在庫を発注する際にかかる費用と，在庫を保有するためにかかる費用の総額を最小化する 1 回当たりの発注量のことで，図5‑1の総費用の最小点を意味します。

　発注量が多くなるとその分在庫をもたなければならなくなり，そのための維持費用が多くなります。また，1 回当たりの発注量が小さいと何度も発注を繰り返さなければならなくなり，発注費用はかさんでいきます。一度に多くの発注をかければ発注のたびにかかる費用を削減できるので，発注費用は発注量が増えると低下する曲線として描かれています。総費用はこの 2 つの費用を足したもので，総費用が最小になる場合の発注量を経済的発注量（EOQ）といいます。この EOQ を超えた過剰な発注量は在庫過多を引き起こし，資金やスペースの浪費となります。一方，発注量が不足していると，生産や販売の停滞や在庫切れによる顧客離れを引き起こす可能性があります。EOQ は在庫維持費用と発注費用との交点の近傍にありますが，交点が常に総費用の最小点（EOQ）になるわけではありません。

　この EOQ の考え方を次の図5‑2の在庫サイクル・モデルに当てはめて確認することにしましょう。本章で説明する在庫サイクル・モデルと EOQ モデルは在庫需要が一定で，価格の変動，パイプライン在庫がないなど，不確実性のないきわめて単純化されたモデルですが，在庫サイクルと EOQ の考え方を簡潔に示しています。注意すべき点は，図5‑2には価格（費用）の情報は入

図5-2 在庫サイクルと発注サイクル

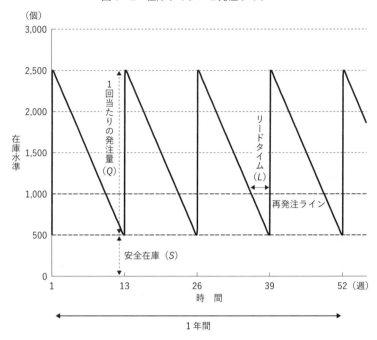

出所：筆者作成。

っていないということです。図5-1が費用と発注量の関係を示しているのに対し，図5-2はあくまでも在庫量が時間の経過とともにどのように変化するかを描いたものです。例として在庫量は個単位で，時間は週単位で示します。まず用語を説明します。

D：商品の年間購入量（単位：個）
Q：1回当たりの発注量（単位：個）
T：発注サイクル期間（分数：週／52週）
S：安全在庫（単位：個）
L：リードタイム（分数：週／52週）

商品の年間購入量（D）は企業が1年間に総計で商品を何個購入したかをあらわしています。図5-2では1回当たりの発注量が2000個で4回発注しているので計8000個になります。1回当たりの発注量（Q）が最小になる場合，EOQ

になります。図5-2では Q は 2000 個になっています。発注サイクル期間（T）は 1 年間（52 週と仮定）に何度発注するかを週単位であらわしています。たとえば，図5-2では 1 年間に 4 回発注しているので 4/52（発注間隔は 13 週）となります。つまり 13 週ごとに Q（2000 個）だけ発注します。

　安全在庫（S）は，予期せぬ需要増加や生産の遅延に対応するために常に保有しておく在庫のことをさします。図では 500 個になっています。企業は，安全在庫を保有することで，需要の急増や供給不足に対応できるようになります。また，安全在庫によって，在庫切れによる顧客サービスの低下や生産ラインのストップなどの問題を回避することができます。

　リードタイム（L）は，注文を行ってから商品が納品されるまでの時間をあらわします。図5-2には再発注ラインが引かれており，在庫がこの再発注ラインまで減少すると再発注が行われます。実際に発注してから商品が届くまでには時間がかかるので，リードタイムを考慮することが重要になってきます。企業は，リードタイムを把握することで，必要な在庫量を計算し，適切な在庫レベルを維持することができます。たとえば，リードタイムが長い商品の場合，企業は注文を行う前に在庫を保有する必要があります。逆にリードタイムが短い商品の場合，企業は在庫量を少なくすることができます。

　ここでこのモデルから EOQ を求めるために，図5-2の在庫の変動に在庫の発注と保有と維持にかかる費用を加えて，在庫の総年間費用（Total Annual Cost: TAC）を定義します。TAC は在庫を発注する費用と在庫を維持管理する費用の合計です。発注費用（C）は在庫を発注する際にかかる諸経費です。手続きのための人件費や事務手数料，運送費や通信費などが含まれます。保管費用（H）は在庫 1 個を 1 年間保管するために必要な費用です。これには倉庫の賃料などが含まれます。

C：1 回当たりの発注費用（単位：円／オーダー）
H：在庫 1 個当たりの年間保管費用（単位：円／個／年）
TAC：総年間費用

　まず，年平均在庫水準を求めます。図5-2では 1 年間（52 週）にノコギリの歯の形をした変動の山が 4 つあり，その歯を水平にならすと発注分の在庫の平均は 1000 個（$Q/2$）であることがわかります。また 1 年間の安全在庫（S）

は常に500個なので，平均も500個です。したがって，

$$年平均在庫水準 = S + \frac{Q}{2}$$

となります。この年平均在庫水準を維持するための費用は，在庫1個当たりの年間保有費用（H）を掛けて次の式で得られます。

$$年間在庫維持費用 = 年平均在庫水準 \times 在庫1個当たりの年間保管費用 = \left(S + \frac{Q}{2}\right)H$$

　次に1年間にかかる在庫の発注費用を計算します。D は年間購入量，Q は1回当たりの発注量なので，D/Q は年間注文回数になります（図5-2では4回）。これに1回当たりの発注費用（C）を掛けると，次の年間発注費用が計算できます。

$$年間発注費用 = \left(\frac{D}{Q}\right)C$$

以上の2つの費用を足すと在庫にかかる TAC が得られます。

$$総年間費用 = 年間在庫維持費用 + 年間発注費用$$

$$TAC = \left(S + \frac{Q}{2}\right)H + \left(\frac{D}{Q}\right)C \tag{1}$$

　ここで1回当たりの在庫発注量（Q）の変動が総費用（TAC）に与える影響を考えます。(1)式では在庫の発注量（Q）が右辺に二度出てきます。一度めは第1項で分子に，二度めは第2項で分母にあらわれます。すなわち，Q が増えると第1項（年間在庫維持費用）が増えますが，第2項（年間発注費用）は減少します。つまり，TAC は Q の増加関数であり減少関数でもあるのです。この Q と TAC の関係は図5-1の発注量と総費用の関係を示しています。Q が増えると TAC は減っていきますが，TAC の最小点（EOQ）を過ぎると逆に増加していきます。最小の TAC をもたらす Q，すなわち EOQ を次のように求めることができます（章末の付論に計算の仕方を示しました）。

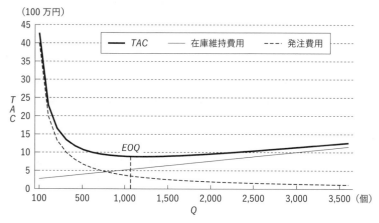

図 5 - 3　*TAC* と *EOQ*

出所：筆者作成。

$$EOQ = \sqrt{\frac{2DC}{H}} \tag{2}$$

　この式では，1 回の最適な発注量（*EOQ*）は商品の年間購入量（*D*）と 1 回当たりの発注費用（*C*）が大きいと大きくなり，在庫 1 個当たりの年間保管費用（*H*）が大きくなると小さくなることを示しています。

　たとえば，*S* = 500 個，*C* = 500000 円，*H* = 5000 円，*D* = 8000 個とすると，(1) 式から *TAC* は

$$TAC = \left(S + \frac{Q}{2}\right)H + \left(\frac{D}{Q}\right)C = \left(500 + \frac{Q}{2}\right) \times 5000 + \left(\frac{8000}{Q}\right) \times 500000$$

$$= (2500000 + 2500Q) + \left(\frac{8000}{Q}\right) \times 500000$$

となります。これを図 5 - 3 に示します（これが図 5 - 1 の総費用曲線にあたります）。

　図 5 - 3 から *TAC* と *Q* の関係は U 字型をしていることと，*TAC* の最小点は *Q* が 1000 個から 1500 個の間にあることがわかります。ここで (2) 式を計算すると

$$EOQ = \sqrt{\frac{2DC}{H}} = \sqrt{\frac{2 \times 8000 \times 500000}{5000}} = \sqrt{1600000} \approx 1265$$

となり，EOQ は 1265 個と計算できます。

　ただし，この EOQ モデルは現実をかなり単純化してあります。実際にはこのモデルを，在庫が不確実性をともなって変動するモデルなどに拡張して利用することが一般的です。

4　リードタイム・ギャップとデカップリング・ポイントの在庫戦略

4.1　リードタイムとリードタイム・ギャップ

　リードタイムとは，注文を行ってから商品が納品されるまでの時間のことで，製造業であれば企業が原材料を購入してから生産を行い，顧客に配送するまでの時間をさします。リードタイムが長い商品の場合，企業は顧客が注文を行う前に在庫を保有する必要があります。逆に，リードタイムが短い商品の場合，企業は在庫を少なくすることができます。

　リードタイム・ギャップとはリードタイムと顧客注文サイクルの差のことで，顧客注文サイクルとは注文してから商品が顧客に届くまで，顧客が待つことのできる時間の長さのことをさします。この2つの関係が図5-4に描かれています。

　リードタイム・ギャップが長くなると（つまり顧客注文サイクルが短くなると），生産者はより多くの在庫を抱えることになります。リードタイム・ギャップを短くするためにはリードタイムそのものを短くするか，顧客注文サイクルを長くするしかありません。

　リードタイムを短くするためには，正確な需要予測，信頼できる供給者との契約，より速い輸送方法をとることなどが考えられます。一方，顧客注文サイクルを長くするためには，商品が手元に届くまでに，さまざまなサービスを顧客に提供し，顧客が商品の到着を長く待てる状態にすることが必要です。たとえば，トヨタのレクサスは注文から納入まで時間がかかる場合に備え，レクサスの購買者にレクサスの生産工場を見学できるサービスやオーナーズクラブの利用，ホテルや飲食店の紹介や予約といったサービスを提供することによって，

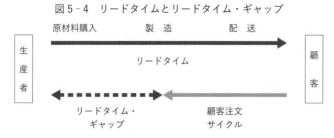

図 5-4　リードタイムとリードタイム・ギャップ

出所：Christopher［2016］Figure 5.3 を参考に筆者作成。

購買者がワクワクしながら車の到着を待てる時間をつくり，顧客注文サイクルを長くしています。

4.2　在庫のデカップリング・ポイント

　サプライチェーンのなかで在庫をもつ位置によって，製品の生産量と在庫量が変わります。原材料，部品，仕掛品，完成品の工程のどこで在庫をもつかを示す分岐点のことを**デカップリング・ポイント**といいます。実際のサプライチェーンにおけるデカップリング・ポイントの具体的な位置は，業種，製品の特性，顧客注文サイクルの長さや顧客の期待，競争力などさまざまな要因によって決まります。図 5-5 は一般的な製造業のデカップリング・ポイントをあらわしています。デカップリングポイントの位置によって生産方式をいくつかの種類に分けることができます。

　「見込み生産（Make to Stock: MTS）」とは，デカップリング・ポイントが顧客に近い位置（下流）にある場合で，生産者が需要予測に基づいて商品を生産し，小売業者や顧客にいつでもすぐに完成品を渡せるように完成品の在庫をもつ方法です。したがって，在庫切れをなくすために生産量と在庫量は多くなります。「受注組立（Assemble to Order: ATO）」とは，仕掛品として在庫をもち，顧客からの注文に応じて生産する方法です。この方法では，見込み生産ほど生産量も在庫量も多くなりません。「受注加工組立（Bult to Order: BTO）」とは，顧客からの注文に応じて在庫としてもっている部品を組み合わせて顧客の注文した製品に仕上げる生産方法です。これは PC のデル（Dell）の生産方式として知られています。デルは多くの種類の部品を在庫としてもち，顧客からの注文に応じて部品を組み合わせ出荷します。したがって在庫は見込み生産や受注組立よりも少なくてすみ，在庫スペースも節約できます。最後の「受注生産

図 5-5 在庫のデカップリング・ポイント

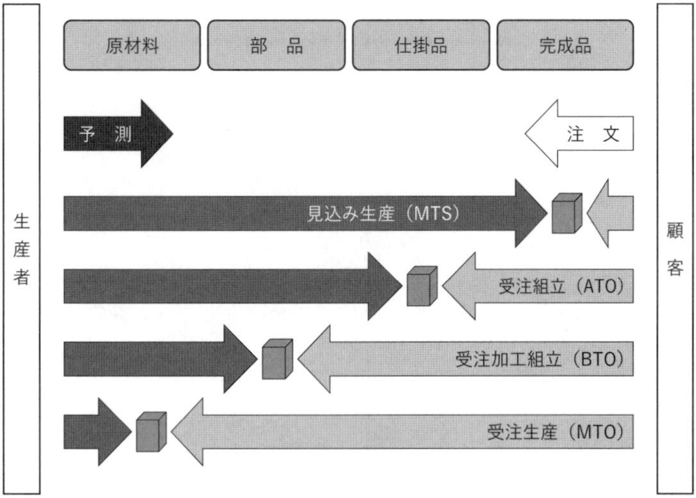

出所：Rushton, Croucher and Baker［2017］Figure16.1 を参考に筆者作成。

(Make to Order：MTO)」とは，顧客からの注文があってはじめて材料を調達し，設計図に従って生産を開始する生産方法です。そのため余分な生産はしなくてすみ，在庫はほとんどない代わりにリードタイムは長くなります。

　次にデカップリング・ポイントと顧客注文サイクルの関係を考えます。顧客注文サイクルが短い場合には，デカップリング・ポイントを下流（顧客側）に設定し，見込み生産や在庫販売を行うことになりますが，生産量も在庫量も多くなり，費用増大のリスクが高まります。逆に，顧客注文サイクルが長い場合にはデカップリング・ポイントを上流（生産者側）に設定できるので，第 1 章で説明したマス・カスタマイゼーション戦略をとることができます。PC のデルや自動車企業のマス・カスタマイゼーションによる差別化戦略はデカップリング・ポイントが上流にある受注加工組立や受注生産の場合に可能になります。

　適切なデカップリング・ポイントをみつけるには，需要パターン，リードタイム，カスタマイズ能力，費用などを分析し，顧客価値と効率性と即応性の最適なバランスを達成することが必要です。

付　論　(2)式の導き方

　(1)式から (2)式を導出するのは微分の知識があれば簡単です。(2)式の最小化問題を解きます。まず，TAC 曲線の傾きがゼロである点が最大化点ないし最小化点なので，(1)式の TAC を Q について偏微分し，ゼロに等しいとします（1 階の条件といいます）。

$$\frac{\partial TAC}{\partial Q} = \frac{H}{2} - \frac{CD}{Q^2} = 0$$

これより TAC を最小化する Q すなわち EOQ を求めることができます。

$$Q = \sqrt{\frac{2DC}{H}}$$

この点が最大値ではなく最小値であることは，1 階の偏微分の結果をもう一度 Q で偏微分して（2 階の条件といいます）符号がプラスであることを確認します。

$$\frac{\partial^2 TAC}{\partial Q^2} = \frac{2CD}{Q^3} > 0$$

これがプラスであることから，この Q が EOQ（最小値）であることがわかります。

◆レビュー・クエスチョン
1　GSCM における在庫の役割を簡潔にまとめなさい。
2　図 5‒1 で経済的発注量（EOQ）が，在庫発注費用曲線と維持費用曲線の交点にならない場合を考えなさい。
3　$S = 200$ 個，$C = 70000$ 円，$H = 3000$ 円，$D = 2000$ 個の場合の TAC を Q の式であらわしなさい。またそのときの EOQ を求めなさい。
4　リードタイム・ギャップを短くするために，顧客注文サイクルを長くする方法を議論しなさい。

〈引用・参考文献〉
Christopher, M. [2016] *Logistics and Supply Chain Management*, 5th ed., FT Publishing.

Coyle, J., C. J. Langley Jr., R. A. Novack and B. J. Gibson [2017] *Supply Chain Management: A Logistics Perspective*, 10th ed., Cengage.

Hopp, W. and M. L. Spearman [2011] *Factory Physics*, 3rd ed., Waveland Press.

Nahmias, S. and T. L. Olsen [2015] *Production and Operations Analysis*, 7th ed., Waveland Press.

Rushton, A., P. Croucher and P. Baker [2017] *The Handbook of Logistics and Distribution Management*, 6th ed., Kogan Page.

第6章

GSCM と需要予測

学習の目的
- □ サプライチェーンにおいて，在庫管理と関連して，将来的な需要の見通しを立てることの重要性を理解します。
- □ 需要予測の分析手法について，定量的分析手法である時系列分析と機械学習によるアプローチについて学習します。
- □ グローバル企業における需要予測の事例として，海外気象データを活用した需要予測の活用方法について習得します。

Keywords ──────
需要予測，時系列分析，機械学習，移動平均法，指数平滑法，ARIMA モデル，線形回帰，決定木分析，ニューラル・ネットワーク

1 サプライチェーンと需要予測

1.1 サプライチェーンにおける需要予測の重要性

　企業活動では，市場のニーズに合わせて，将来的な需要の見通しを把握することが重要です。近年，インターネット通販市場の拡大などで市場ニーズが多様化しスピーディーな対応が求められていることから，その重要性は日に日に増しています。たとえば，製造業では製品をどれくらい生産すればよいのか，小売業では商品をどれくらい仕入れればよいのか，それぞれ決める必要があります。適切な需要予測を行わずに意思決定をしてしまうと，実際の需要よりも多く製品をつくって在庫を抱えてしまったり，人気のある商品をあまり生産せずに在庫が不足し，本来得られるはずの利益を失ったりしてしまいます。このように，市場のニーズに合わせて，自社の製品や部品，サービスなどの商品を

無理なく，かつ無駄なく提供するためには，需要予測が欠かせません。

需要予測とは，「いつ（時期），どこで（場所），何が（商品），どのくらい（数量）売れるのか」という将来の需要を，さまざまな商品を対象として，前もって可能な限り正確に予測することです。一般的に，対象となる商品の売上に関する過去のデータに基づき，市場トレンド，経済環境，季節変動などの要因を考慮したうえで，将来の需要を予測します。

需要予測の目的としては，製品の在庫の適正化，最適生産計画の立案，中長期の意思決定，企業間の情報共有などがあげられます。とくに在庫の適正化については，第5章でも説明していますが，需要予測に基づいて将来の在庫推移を予測し，欠品を起こさない程度に調達し，極力少ない在庫をもつ必要があります。このように，精度の高い需要予測は収益を最大化し，企業の成長を左右する大きな可能性をもっています。

1.2　ブルウィップ効果

需要予測の重要性がわかる現象として，ブルウィップ（鞭）効果（bullwhip effect）があげられます。ブルウィップ効果とは，サプライチェーン（SC）において，川下の需要変動が小さいにもかかわらず，川上にある企業が生産量を大幅に変動させる現象のことです。牛追い鞭（bullwhip）を打ったときのように，手元（サプライチェーンにおける下流）での小さな変化が，鞭の先端（上流）に向かって次第に増幅していくイメージです。

図6-1を用いてブルウィップ効果がどのように発生するかを説明します。この図では，小売業者，卸売業者，製造業者の3つの企業がサプライチェーンを形成しています。小売業者が顧客から注文を受け，その情報を卸売業者に伝えます。卸売業者は，小売業者からの注文数をもとに，機会損失となる欠品を起こさないように余裕をもった需要量を見込み，その情報を製造業者に伝えます。そして，製造業者はその情報をもとに，さらに余裕をもった需要量を見込み，生産量や発注量を決定します。

たとえば，最初に小売業者からの注文が5個だったとします。しかし，卸売業者は余裕をもった将来の需要を予測して，15個の商品を製造業者に注文します。さらに製造業者は，卸売業者からの注文数をもとに，余裕をもった将来の需要を予測して，30個の商品を生産するようになります。つまり，最初に5個の注文があったにもかかわらず，製造業者は30個の商品を生産することに

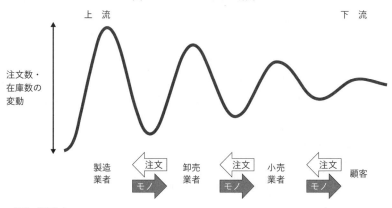

図6-1　ブルウィップ効果

上　流　　　　　　　　　　　　　　　　　　　下　流

注文数・
在庫数の
変動

製造　　←注文　　卸売　　←注文　　小売　　←注文　　顧客
業者　　モノ→　　業者　　モノ→　　業者　　モノ→

出所：筆者作成。

　なります。このように，小さな変化がサプライチェーンの下流に起きると，その影響が上流に向かって波及するため，サプライチェーン全体の在庫が過剰になり，コストが増大するという問題が生じるというのがブルウィップ効果です。

　この現象は，サプライチェーン内で情報の遅延や情報の不正確さが存在する場合に発生します。たとえば，小売業者が商品を少ししか注文しなかった場合でも，卸売業者は需要の増加を予測し，欠品状態を避けるために，製造業者に大量の注文を出してしまうことがあります。そして，製造業者はその注文数の変動に合わせて生産量を調整するために，原材料の発注量を増やし，生産ラインを拡張する必要があります。そのため，サプライチェーン全体で必要以上の在庫が発生し，コストが増大するという問題が生じます。

　ブルウィップ効果は，需要予測と密接な関係があります。将来の需要を予測することは，生産量や在庫量などを決定するうえで重要な役割を果たします。しかし，需要予測が不正確である場合，ブルウィップ効果が発生しやすくなります。たとえば，小売業者が予測よりも多くの商品を売り上げた場合，卸売業者は需要が増大していると判断し，製造業者に大量の商品を発注する可能性があります。その結果，製造業者は生産量を増やすために，原材料の発注量を増やすことになります。しかし，実際には需要の拡大は一時的であり，その後需要が縮小することが予想されるとします。その場合，ブルウィップ効果が発生し，製造業者と卸売業者は余分な在庫を抱え，経営を圧迫することになります。

　したがって，需要予測の正確性を向上させることで，ブルウィップ効果の影

響を軽減できます。そのため，適切な在庫管理のための技術的な手法の活用など，需要予測の精度をより向上させるための改善策が必要です。また，ブルウィップ効果の軽減のためには，サプライチェーン内での情報共有が重要となります。情報共有により卸売業者は小売業者の正確な需要を知ることができ，さらに製造業者も正確な需要を知ることができます。その結果，製造業者は必要な量の原材料を発注し，生産ラインを適切に調整することができます。

1.3　需要予測のための分析方法

　より正確な需要予測を行うためには，さまざまなシナリオを想定し，複数の予測方法を用いて分析を行う必要があります。そのため，需要予測の精度は，これまでの分析にかかわった経験などに大きく左右されます。予測期間の長さによって，短期予測と長期予測に分けることができます。短期予測は，生産量といった日常業務を決めるなど，一般的には日次から週次の近い将来を想定した予測です。一方，長期予測は，設備投資や事業計画，資金調達など，一般的には月次から年次の企業戦略に関係する遠い将来を想定した予測です。

　効果的な需要予測を行うには，分析に用いるデータの質や量，適切な予測方法が重要となります。一方，分析に必要なデータの欠損が原因で，需要予測が適切に行えないことが多々あります。この問題点を解決するには，サプライチェーン内の他部門とデータを共有することや需要予測の結果を検証することなどが有効です。サプライチェーンの需要予測を成功させるために必要な条件として，①過去データおよびトレンド予測を含む信頼できるデータがあること，②営業担当者や外部の専門家，市場調査などからの実用的な業務に関する情報提供があること，③データ欠損にも対応した頑健な需要予測の分析手法を用いること，④潜在的な予測誤差を発見・修正し，必要に応じて軌道修正するための柔軟性があること，⑤社内外のサプライチェーンにおけるパートナーとの協働があること，があげられます。

　需要予測にはさまざまな予測手法があり，その手法によって必要なデータは異なります。需要予測には，大きく分けて定量的手法と定性的手法の2つのアプローチがあります。定量的手法とは，数値データを収集し，数学的な解析や統計的な処理を行うアプローチで，数量的かつ客観的に測定されたデータを用います。つまり定量的手法では，顧客需要に関する過去のデータ，季節変動，その他のデータ駆動型の指標を用いて，数理的な予測手法を用いて将来的な需

表6-1 需要予測の定量的手法による強みと留意点

手　法	おもな分析手法	強　み	留意点
時系列分析	・移動平均法 ・指数平滑法 ・ARIMA モデル	・多くのモデルが，ソフトウェアのパッケージとして実装されている ・突発的な変化がない場合は，高精度な予測結果となる	・初期値やパラメータの設定に注意が必要である
機械学習によるアプローチ	・線形回帰 ・決定木分析 ・ニューラル・ネットワーク	・大量のデータ処理が可能である ・多数の変数を分析対象とすることで，複雑な因果関係に対応しやすい	・学習データのバイアスに注意が必要である

出所：山口［2022］をもとに筆者作成。

要量の予測を行います。一方，定性的手法とは，おもに非数値的な情報を収集し，主観的な解釈や質的な特性を探求するアプローチで，言葉やテキスト，画像，音声などの形式のデータを用います。つまり定性的手法では，社内外の専門家の意見を取り入れた主観的判断をともなう意思決定により将来的な需要量の予測を行います。定量的手法と定性的手法のどちらにも長所と短所があることから，実際の需要予測の作成にあたっては両者を併用することもあります。

　以後，一般的に使用される定量的手法である時系列分析と，機械学習によるアプローチについて紹介します。**時系列分析**とは，過去の需要量のトレンドや季節変動などを分析することで，将来の需要量を予測する手法です。**機械学習**によるアプローチとは，過去の需要量と関連する過去の需要量，季節性，販売促進などのキャンペーン，競合他社の販売量などの複数の変数を分析して，将来の需要量を予測する手法です。機械学習は人工知能（AI: Artificial Intelligence）の一分野であり，近年，急速に研究が進んでいます。なお，予測分析手法の選択には，表6-1のようなそれぞれの強みと留意点とともに，データの性質に応じて得られる予測精度や計算時間などを考慮する必要があります。

2　時系列分析

2.1　時系列データ

　時系列分析で扱うデータは，①傾向変動（T: Trend variation），②循環変動（C: Cyclical variation），③季節変動（S: Seasonal variation），④ランダム要素が含まれる不規則変動（I: Irregular variation）の4つの変動によって構成されていることを仮定します。具体的な分析例として，ある製品を想定した月次の需要

図6-2　時系列分析における観測値

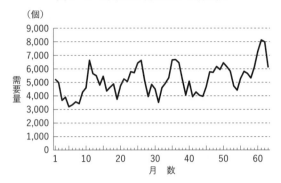

出所：大野［2011］をもとに筆者作成。

図6-3　時系列データの分解

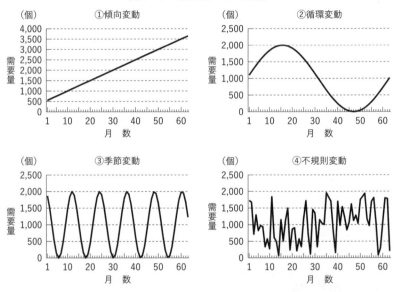

出所：大野［2011］をもとに筆者作成。

量に関する観測値について示した図6-2を用います。なお，横軸は時間軸（単位：月），縦軸は需要量（単位：個）をあらわしています。一見すると，観測値には規則性や法則性がみられないようですが，先にあげた①から④までの各変動として図6-3のように分解することができます。

①傾向変動として，長期にわたる持続的な変化をあらわしています。図の例では，毎月50個ずつ需要量が一貫して増加している傾向がみられます。

②循環変動として，周期は一定ではありませんが，3〜15年くらいで周期的に繰り返される変化をあらわしています。図の例では，64カ月間（約5.3年）を1サイクルとして，需要量が16カ月目にピークを迎えたあとに減少し，48カ月目から再び増加するというように，需要が周期的に変化している傾向がみられます。

③季節変動として，循環変動より短い周期で，12カ月間（1年）で繰り返される変化をあらわしています。図の例では，12カ月間（1年）を1サイクルとして，毎年冬場に需要量が増加し，夏場に減少するように，需要が周期的に変化している傾向がみられます。

④不規則変動として，観測誤差など諸要因による変化をあらわしています。図の例では，特定の規則性がみられず，需要がランダムに変化している傾向がみられます。

これは，観測値を変動の和（T＋C＋S＋I）からなるモデル（加法モデル）であらわすことができた例となります。つまり，図6-3の①から④までの各変動を足し合わせると，図6-2の観測値と一致します。

時系列分析におけるおもな分析手法として，移動平均法，指数平滑法，ARIMAモデルがあります。以下，それぞれの分析手法の詳細について紹介していきます。

2.2 移動平均法

移動平均法は，時系列データに対して，過去の値を単純に平均した値を使って未来の値を予測する手法です。ある期間における過去の値を等しく加重平均することにより，過去の傾向をあらわす傾向変動のようなトレンドを平滑化することができます。移動平均法の計算方法は，少しずつ移動しながら平均を取っていく方法となり，以下のような手順を踏みます。

1　移動平均を計算する際の期間となる次数を決定します。たとえば，直近の6カ月間の移動平均を計算する場合，次数は6となります。

2　データの最初の期から，次数分の期間に含まれる観測値の平均値を計算し，次の期の予測値とします。たとえば，1カ月めから6カ月めまでの観測値を足して6で割った平均値が，7カ月めの予測値となります。

図6‐4 移動平均の計算例

月数	観測値	予測値
1	5,243	
2	4,978	
3	3,669	
4	3,895	
5	3,194	
6	3,337	
7	3,555	4,053
8		3,771

移動平均（次数6）
＝6カ月間の平均値の計算

出所：筆者作成。

図6‐5 移動平均による分析

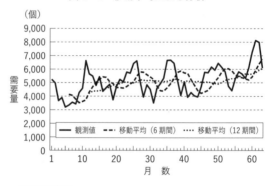

出所：筆者作成。

3 次の期に移動し，手順2の計算を行います。これを，最後の期まで繰り返します。

具体的な計算の例については図6‐4のようになり，手順1で決定した次数（＝6）を踏まえて，手順2で次の期（7カ月め）の予測値として，1カ月めから6カ月間の観測値の平均（＝4053）を計算します。そして，手順3ではこの計算を次の期（8カ月め）の予測値にも繰り返して行います。

移動平均法は，時系列データの傾向変動を把握するために，平滑化することを目的に使用されることがあります。つまり，季節変動については1年分の移動平均をとり，循環変動については周期分に合わせた移動平均をとることで，それぞれの変動が除去されるとともに，不規則変動についても抑えることが可能となります。具体的な分析の例として，図6‐2の観測値に対して，期間を

6期間と12期間として移動平均を計算した結果は，図6-5のようになります。この図から，12期間の方が長期間のデータを対象としているため，6期間に比べてなだらかな曲線となり，期間中の細かい変動に左右されずに平滑化されていることがわかります。

2.3　指数平滑法

指数平滑法は，時系列データに対して，過去のデータを指数関数的に加重平均することで未来の値を予測する手法です。得られた過去データのうち，過去の値に重みをつけた移動平均を計算する際，より新しい値により大きな重みを与えることで，現在の傾向をより強く反映することができます。指数平滑法の計算方法は，以下のような手順となります。

1　初期値として，次の期の予測値をデータの最初の期の観測値に設定します。

2　その次の期に移動し，平滑化定数 α（$0 < \alpha \leqq 1$）を用いて，前の期の観測値と前の期の予測値を重みづけ平均化します。重みは，前の期の観測値の重みを α，前の期の予測値の重みを $1 - \alpha$ として，重みの合計は1となるように調整します。つまり定義式は，下記のとおりとなります。

現在の期の予測値 = α × 前の期の観測値 + $(1 - \alpha)$ × 前の期の予測値

3　手順2で得られた予測値を使用して，次の期に移動して新たな予測値を計算します。これを最後の期まで繰り返します。

具体的な計算の例（$\alpha = 0.1$ の場合）については図6-6のようになります。まず，手順1で，初期値として2カ月めの予測値（1か月めの観測値 = 5243）を設定し，手順2で初期値と前の期の観測値（2カ月めの観測値 = 4978）を用いて，3カ月めの予測値（$-0.1 \times 4978 + (1 - 0.1) \times 5243 = 5217$）を計算します。手順3では，次の期（4カ月め）にも同様の計算を繰り返して行います。

指数平滑法の特徴としては，移動平均法と比較して，最近のデータにより大きな重みをつけるため，予測が最近の傾向に近くなることがあります。また，各期での予測値の計算において，前の期の予測値を利用していることから，急激な変動に対しては反応が鈍くなることがあります。具体的な分析の例として，図6-2の観測値に対して，$\alpha = 0.1$ と $\alpha = 0.5$ の場合について計算した結果は，図6-7のようになります。この図から，$\alpha = 0.1$ が前の期の予測値により重きがおかれているため，$\alpha = 0.5$ に比べてなだらかな曲線となり，期間中の細か

図6-6　指数平滑法（平滑化定数 $\alpha = 0.1$）の計算例

月数	観測値	予測値
1	5,243	
2	4,978	5,243
3	3,669	5,217
4	3,895	5,062
5	3,194	4,945
6	3,337	

出所：筆者作成。

図6-7　指数平滑法による分析

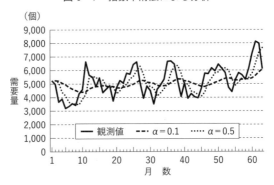

出所：筆者作成。

い変動に左右されずに平滑化されていることがわかります。

2.4　ARIMA モデル

　時系列データでは，傾向変動のようなトレンドとともに，循環変動や季節変動のような時間的なパターンなどの影響を受けて，ある変数の過去の値と現在の値との間に相関がある場合が多くみられます。このような，あるデータの同じ変数間での相関を，自己相関と呼びます。**ARIMA**（Autoregressive Integrated Moving Average）**モデル**は，こうした自己相関と季節性を含む時系列データを分析するもので，AR（自己回帰）パラメータ，I（積分）パラメータ，MA（移動平均）パラメータの3つのパラメータで構成されます。

　ARIMA モデルにおいては，データの定常性が前提となります。定常性とは，時間経過によらず常に一定の値を軸に，同程度の幅で揺れて変化し，時間によ

って平均値や分散が変化しないということ，つまり，データの統計的性質が時間の経過にともなって変化しないことを意味します。データが定常でない場合を非定常であるといい，その場合には，差分を取ることで定常性をもつデータに変換する必要があります。ARIMA モデルの特徴としては，まず時系列データに対して差分を取り，定常性をもつデータに変換したうえで，最適な AR，I，MA の各パラメータを決定し予測することで，時系列データに対する予測の精度を高くすることができます。また，ARIMA モデルは，パラメータの選択に関する専門知識が必要であり，データの分析に時間がかかることがあります。

3つのパラメータのなかで，AR パラメータは，直前のデータの値が未来の値に影響を与えるかどうかを決定するパラメータで，AR パラメータが大きいほど，過去のデータが未来の値に与える影響が大きくなります。I パラメータは，時系列データの差分を取る回数を決定するパラメータで，I パラメータが大きいほど，データのトレンドや季節性を考慮して未来の値を予測することができます。MA パラメータは，直前の誤差が未来の値に影響を与えるかどうかを決定するパラメータで，MA パラメータが大きいほど，誤差が未来の値に与える影響が大きくなります。

3　機械学習によるアプローチ

3.1　線 形 回 帰

線形回帰は，過去のデータから予測モデルを構築し，新しいデータを予測するために使用されます。線形回帰とは，2つの数値データの間の関係をモデル化し，1つの変数に対して他の変数が与える影響を推定するために使用される統計的手法です。線形回帰は，線形（直線）の関係をもつデータに対して適用され，傾向変動を把握することが可能となります。線形回帰の目的は，2つの変数の関係をあらわす線形方程式を求めることです。これは，$y = ax + b$ という線形の方程式です。ここで，y は従属変数，x は独立変数，a は傾き，b は y 軸の切片をあらわします。線形回帰では，傾き a と切片 b の値を調整して，観測値との誤差を最小にするように直線を推定します。

線形回帰は，単回帰分析と重回帰分析の2つの主要な形式があります。単回帰分析では，1つの独立変数と1つの従属変数の間の関係を分析します。一方，

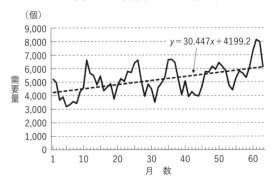

図 6 - 8　単回帰による分析

（個）

$y = 30.447x + 4199.2$

出所：筆者作成。

重回帰分析では，2つ以上の独立変数と1つの従属変数の間の関係を分析します。

　具体的な分析の例として，図6-2の観測値に対して，従属変数を観測値，独立変数を月数とした単回帰分析を計算した結果を図6-8に示してあります。線型方程式の傾き a は30.447，切片 b は4199.2となり，月数が経過するにつれて，観測値が増加していくという傾向変動を読み取ることができます。

3.2　決定木分析

決定木分析とは，データを分類するための分析手法の1つで，木構造（ツリー構造）を利用してデータの分類ルールを導き出す方法です。木構造とは，要素が階層的に組織されたデータ構造を表現するために使用され，その名前が示すとおり，木に似た形状をもつノードとリンクで構成されるグラフ構造をさします。ノードは木構造内の個々の要素をあらわし，リンクはノード間の関係を示します。リンクは通常，矢印や直線で表現され，親ノード（出発点のノード）から子ノード（到達点のノード）への方向性をもちます。このように，ノードがデータ自体を保持し，親ノードから子ノードへのリンクがあることで，データの階層的な組織化が可能になります。決定木分析を用いた需要予測では，木構造を使用することで，複雑な需要パターンや影響因子を考慮に入れたモデルを構築し，過去のデータをもとにして将来の需要量を予測することができます。

　決定木は通常，根ノードと呼ばれる最上位にあるノードから始まり，データの分割と分岐が逐次的に行われて，木の各段階で新しい子ノードが生成されま

す。これにより，木が階層的な構造をもち，データが段階的に分類されます。分割とは，データを異なるグループに分けるプロセスで，データをどのようにグループ化するかを示します。そして，データ内での特定の特徴量の値を基準にして，データを複数のグループに分割します。なお，特徴量とは，分類の条件となる変数（説明変数）を意味します。分割の目標は，各グループ内のデータができるだけ類似性をもつようにすることです。一方，分岐とは決定木の各段階でノードを新しい子ノードに分割するプロセスで，決定木モデルの階層構造を形成します。データが分割されると，新しい子ノードが作成され，各子ノードは異なる条件または規則に基づいてデータが割り当てられます。

決定木を使用した需要予測の一般的な手順は，以下のとおりです。

1　データ収集：まず，過去の需要量のデータを収集します。これには，製品の販売数，季節性，広告宣伝の支出，競合他社の活動，経済指標などの要因が含まれます。これらのデータは，予測モデルの学習に使用されます。

2　特徴量の選択：収集したデータから，予測に役立つ特徴量（説明変数）を選択します。選択された特徴量は，決定木のノードでの分割条件として使用されます。分割条件は，特徴量とその閾値に基づいて選択され，データをより純粋なグループに分けるために使用されます。たとえば，販売数を予測する場合，広告支出や季節性などが重要な特徴量となります。

3　決定木の構築：最適な分割条件が決まると，ノードはそれに従ってデータを分割し，新しい子ノードを生成します。これにより，木構造が成長し，新しい親ノードから子ノードへの分割が続行されます。子ノードに対しても同じ分割プロセスが再帰的に適用され，木が深くなります。分割は，規定の停止条件に達する（ノードが一定の深さに達したり，最小サンプル数に達したりする）まで続けられます。

4　モデルの評価：学習した決定木モデルの性能を評価するために，検証データセットまたは交差検証（その一部をまず解析して，残る部分でその解析のテストを行うこと）を使用してモデルの性能を測定します。分類の場合は，正確度，再現率，適合などの指標が使用されます。

5　予測の実行：構築された決定木モデルを用いて，特徴量をもとにして将来の需要量を予測します。たとえば，「広告支出がX円未満かどうか」という質問をもとにして，分岐が行われ，予測が進行します。

図 6 - 9　ニューラル・ネットワークの構造

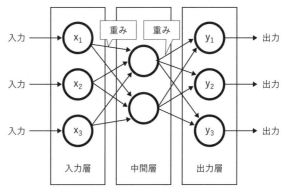

出所：淺田・岩崎・青山［2004］をもとに筆者作成。

3.3　ニューラル・ネットワーク

　ニューラル・ネットワークとは，情報処理のために人間の脳の神経細胞の仕組みを模倣した数学モデルで，人工知能の分野で広く使用されています。具体的には，多数のニューロン（神経細胞）を相互に接続し，パターンを検出して予測を行う手法です。ニューラル・ネットワークは，過去のデータからモデルを学習し，新しいデータを予測するために使用されます。

　ニューラル・ネットワークは，図 6 - 9 のように複数のニューロンから構成された層をもち，各層には入力，中間，出力の 3 つの種類があります。層と層の間には，ニューロン同士のつながりの強さを示す重みがあります。入力層は，外部からのデータを受け取り，中間層は，入力層から受け取った情報を加工し，出力層は，最終的な出力を生成します。重みは，ネットワークの学習中に調整され，最適な重みの値をみつけることで，ニューラル・ネットワークの予測を遂行する能力を向上させます。なお，ニューラル・ネットワークにおける学習とは，ニューラル・ネットワークがデータから知識を獲得する一般的なプロセスをさします。これはモデルが訓練データを使用して，データ内の関係や特徴を理解し，その知識を活用して新しいデータを処理することを意味します。そして，訓練とは，学習プロセスの具体的な段階の 1 つをさし，モデルを訓練データに適合させモデルの重みを調整する作業です。訓練の結果，モデルは訓練データに適合し，訓練データに関して高い性能を発揮するようになります。

　需要予測におけるニューラル・ネットワークの活用により，データの複雑な

　グローバル・サプライチェーン（GSC）における需要予測の事例として，日本気象協会［2020］に基づいて紹介します。一般財団法人日本気象協会は，高精度な気象データを活用し，商品の需要予測に関するさまざまなサービスを提供しています。日本国内で展開してきた商品の需要予測に関する知見をもとにして，海外気象データを活用した需要予測によって，グローバル企業を対象に，海外における需要と供給の最適化，マーケティング戦略などを支援しています。

　同協会では，世界各国の気象データを収集し，独自技術で気象予測を高精度化し，各種予測モデルの開発を行っています。そして，全世界約 7000 地点の気象データをもとに商品の需要と気象の関係を解析し，その解析結果や最大 6 カ月先までの需要予測，また海外気象予測データの提供を行っています。まず，気象感応度調査として，気象と商品の需要とその国特有の関連性を解析し，アイテムごと，エリアごとに，いつ頃どのような気象条件で売上が上がるか（下がるか）を調査します。そして，海外の体感気温を加味した需要予測のモデルを構築し，需要予測を行います。さらに，過去の売上の変動を分析し，どのような要因がどれぐらい売上に影響を及ぼしたかを定量的に評価します。

　事例として，アパレル（衣料品）における需要予測があげられます。図では，世界主要 4 都市における 6 カ月間の T シャツの需要予測が計算されています。基本的に，T シャツは夏場に着用されることから，北半球では 8 月前後，南半球では 12 月前後に売上が伸びるものと想定されます。そして，気象予測データに基づき算出された需要予測の値と前年実績の値を比較することで，T シャツの販売見込みに基づいた生産計画を立てることが可能となります。

　気象データをもとにした需要予測の対象企業としては，事例で紹介したアパレル企

図　T シャツの国別需要予測グラフ

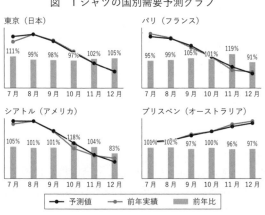

東京（日本）
111%　99%　98%　97%　102%　105%
7月　8月　9月　10月　11月　12月

パリ（フランス）
95%　99%　105%　101%　119%　91%
7月　8月　9月　10月　11月　12月

シアトル（アメリカ）
105%　101%　101%　118%　104%　83%
7月　8月　9月　10月　11月　12月

ブリスベン（オーストラリア）
101%　102%　97%　100%　96%　97%
7月　8月　9月　10月　11月　12月

■─● 予測値　　─● 前年実績　　▨ 前年比

出所：日本気象協会［2020］。

業をはじめとして，食品製造企業や日用雑貨系商材の製造企業，とくに環境問題に関する意識の高い企業があげられます。需要予測や気象予測を生産計画や出荷計画，マーケティング，販売企画などに活用することで，需要とのズレによる無駄な廃棄を防ぎ，持続可能な社会構築に貢献することが可能となります。このように，気候変動が大きい現代において，需要予測における気象データの価値は今後，ますます高まっていくと考えられます。

パターンをとらえ，需要予測の精度を向上させることができます。ニューラル・ネットワークを使用した需要予測の一般的な手順は，以下のとおりです。

　1　データの収集：需要予測に使用するデータを収集します。時系列データを入力することが一般的で，過去の需要量，季節性，販売促進などのキャンペーン，競合他社の販売量などが含まれます。

　2　データの前処理：モデルの学習がより効果的になるように，用意したデータをきれいなデータに整えます。その際，何らかの理由で欠損しているデータ（欠損値）を処理したり，データを一定の規則に基づいて変形したりする正規化を行います。

　3　モデルの設計：ニューラル・ネットワークの構造や配置の形式をさすニューラル・ネットワーク・アーキテクチャを選択します。データから直接学習するニューラル・ネットワーク・アーキテクチャとして，リカレント・ニューラル・ネットワーク（RNN）や長短期記憶ニューラル・ネットワーク（LSTM）では，時間的な依存関係をモデル化することができるため，需要予測にとくに有用です。そのうえで，過去のデータを使用してモデルを訓練します。

　4　モデルの評価：モデルが適切に機能しているかどうかを評価します。これには，訓練データとテストデータの両方を使用してモデルの精度を検証することが含まれます。

　5　予測の実行：訓練されたモデルを使用して，未来の需要を予測します。

◆レビュー・クエスチョン
　1　定量的分析手法と定性的分析手法の違いについて説明しなさい。
　2　時系列分析におけるおもな分析手法として，移動平均法，指数平滑法，ARIMA モデルの違いについて説明しなさい。

3 機械学習によるアプローチのおもな分析手法として，線形回帰，決定木分析，
ニューラル・ネットワークの違いについて説明しなさい。

〈引用・参考文献〉
淺田克暢・岩崎哲也・青山行宏［2004］『在庫管理のための需要予測入門』東洋経済
　新報社
大野勝久［2011］『Excel による生産管理——需要予測，在庫管理から JIT まで』朝
　倉書店
日本気象協会［2020］「『商品需要予測コンサルティング "eco＋logi for global"』を
　全世界に拡大　〜世界約 6,000 地点の地域の需要と供給の最適化やマーケティング
　戦略を支援〜」(https://www.jwa.or.jp/news/2020/08/10682/)（2023 年 4 月 18 日
　アクセス）
平田燕奈・松田琢磨・渡部大輔［2022］『新国際物流論——基礎から DX まで』晃洋
　書房
山口雄大［2022］『すごい需要予測——不確実な時代にモノを売り切る 13 の手法』
　PHP 研究所（PHP ビジネス新書）

第 II 部

GSCM の実際

第7章

GSCM における輸送モード

学習の目的
- ☐ 輸送モードとは何かを理解します。
- ☐ さまざまな輸送モードについて学習します。
- ☐ GSCM における輸送モードの役割を習得します。
- ☐ 1980 年代に起こったイラン・イラク戦争を事例に GSCM に関する輸送リスクを学習します。
- ☐ 輸送関連の SDGs への貢献（とくに温室効果ガスのなかの CO_2 削減）に対する取り組みを学習します。

Keywords ———
輸送モード，全体最適，部分最適，可視化，グローバルビッド，一帯一路，チョークポイント，複合一貫輸送

1 輸送モードとは何か

サプライチェーン・マネジメント（SCM）がグローバル展開され国境を越えて取引が行われるとき，「何を，どこからどこまで，どのような手段で，どのように運べばよいか」ということを考える必要があります（グローバル・ネットワーク・デザイン，第4章参照）。このなかの「どのような手段で」の部分が「**輸送モード**（あるいは輸送手段・輸送機関）の選択」となります。モノが国境を越えるとき，「通関手続き」が必要となります。輸出地では輸出通関，輸入地では輸入通関があり，さらに輸入地では当該貨物が関税対象品に該当する場合，関税徴収が行われます。通関手続きに必要な通関書類には，この輸送モードを記載する箇所があります。「どこからどこまで」の部分は，第1章図1-3にグ

ローバル・サプライチェーン・マネジメント（GSCM）の全体像のイメージが示されていますが，「生産者の原材料調達に始まり，消費者に製品が届くまで」となります。この全体像の範囲内で，コストの軽減，業務フローの簡略化，リスクの軽減などを組み合わせて「**全体最適**」をめざした活動が行われますが，実際にはそれぞれのプレイヤーがカバーする契約の範囲が異なります。たとえば，原材料メーカーの輸送範囲は原材料の生産地からそれを納入する生産メーカーの生産地までだったり，その原材料をもとに製品を製造する生産メーカーの輸送範囲はその生産地からその製品を購入してくれる相手先までが輸送範囲だったりします。プレイヤー同士の円滑な連携がないと，なかなか「全体最適」化するのは難しく，得てして「**部分最適**」になりがちです。このとき，各プレイヤーがカバーする輸送実務の多くは国際商工会議所（International Chamber of Commerce: ICC）が制定している「貿易取引とその解釈に関する国際規則」である「Incoterms」に基づいて遂行されます。その最新版は「Incoterms 2020」です。

　輸送は，国内だけの輸送の場合であれば，多くは単一の輸送モードだけで完結しますが，グローバル輸送の場合は，海上輸送とトラックあるいは海上輸送と鉄道とトラックのように複数の輸送モードが組み合わされて利用されることが多くなります。この輸送範囲内で，いま，モノ（貨物）がどこにあり，どのような状態であるかを確認することを「**可視化**」といいますが，可視化は全体最適をめざすうえで重要な実務です。なぜなら，輸送途上において何らかのトラブルが発生した場合，モノがどこでなぜ滞留しているかを早期に確認できれば，その原因を解明し対策を講じることで大きなトラブルになることを未然に防ぐことができるからです。

　2019年に新型コロナウイルスによる誰も予想しなかったパンデミックが世界を襲いました。また，2022年2月24日，ロシアが突然ウクライナへの侵攻を開始しました。こうした事態は大幅な輸送費の上昇を引き起こしました。「モノが運べなくなる」ということは，よく「兵站を切らす」という言葉におきかえられます。「兵站を切らす」とは，戦場において食料切れ，水切れ，弾薬切れなどを起こしてしまうことですが，これを起こすと戦いは敗北につながってしまいます。ビジネスの場におきかえれば，サプライチェーン（SC）が機能しなくなり，企業が多くのトラブルを抱えてしまうことを意味します。「輸送モードの選択」と「輸送ルート選択」の組み合わせによって，Aがダメな

らBで，BがダメならCで，と常に代替案を用意することによって，トラブルが発生しても迅速にかつ柔軟に対応策を講じることができます。輸送モードや輸送ルートの選択肢を増やしておくことがGSCMのリスク軽減につながります。

「どのように運ぶか」は「輸送スピード」「輸送頻度」「輸送費用」の総合比較で決定されます。さらに，「持続可能な開発目標（Sustainable Development Goals: SDGs）」への対応が強く要求されるようになった今日，地球温暖化の原因である温室効果ガス（とくにCO_2）削減につながる「輸送モードの選択」は企業イメージを高めることに寄与します。

2　さまざまな輸送モード

2.1　世界の海上貨物量と海上輸送の現状

世界の貨物の9割以上を海上輸送が担っています。まずは，海上貨物量の規模を把握しておきましょう。

「何を」の部分にあたるモノ（貨物）は，「四大貨物」と呼ばれる原油・石油製品，鉄鉱石，石炭，穀物が51%程度，その他貨物が49%程度を占めています（表7-1）。その他貨物とは，自動車完成品およびその部品，機械およびその部品，木材および木材製品（家具を含む），化学品，繊維製品，雑貨などです。「World Fleet Statistics」によれば，貨物を輸送する船舶の船種別船腹量は，2021年末において，ばら積み乾貨物船（35.2%），オイルタンカー（23.2%），コンテナ船（17.7%），液化ガス船（6.4%），旅客船・RORO船（4.3%），一般貨物船（3.4%），自動車船（2.5%），ケミカル船（2.1%），その他（5.2%）となっています。輸送する貨物に合わせてさまざまな船舶が利用されています。その実質的な保有者（船主）は，アジアが世界全体の44.6%を占めており，アジアのなかでは，とくに日本，中国の2カ国で51.5%を占めています。船籍に関しては，税金や乗組員に関する規制の少ないパナマやリベリアなどに船籍を登記しておく場合があります。これを「便宜置籍船」と呼んでいます。

一般的に「物流は物量」ともいわれ，多くの物量を有したプレイヤー（政府，荷主，海運業者，物流業者など）が，各輸送モード分野で発言力を増します。たとえばコンテナ輸送という分野においては，2000年以降，中国が圧倒的にその力を増してきました。「上海運賃指数」と呼ばれる上海を中心にしたコンテ

表 7-1　世界海上貨物量

（単位：百万トン）

	1990 年	1995 年	2000 年	2005 年	2010 年	2015 年	2020 年	2021 年
世界海上貨物総量	4,285	5,097	6,305	7,722	9,066	10,712	11,598	11,982
四大貨物	2,430	2,899	3,424	4,165	4,979	5,791	6,005	6,115
原油・石油製品	1,548	1,900	2,238	2,586	2,744	2,860	2,826	2,842
鉄鉱石	356	404	447	660	990	1,364	1,502	1,517
石　炭	331	402	509	671	926	1,137	1,165	1,231
穀　物	195	193	230	248	319	430	512	525
その他貨物	1,855	2,198	2,881	3,557	4,087	4,921	5,593	5,867

出所：日本海事広報協会編「日本の海運　SHIPPING NOW 2020-2021」「日本の海運　SHIPPING NOW 2022-2023」日本海事広報協会（原本は IHS「World Fleet Stastics」による年末値）。

ナ輸送費動向は，いまや重要な海運データの 1 つになっています。「上海運賃指数」とは，中国上海航運交易所が基準日を 1998 年 1 月 1 日において，これを 1000 ポイントとし，受注価格ベースで算出，公表している世界 12 ルートの上海発コンテナ輸送費の動向です。その指数によると，新型コロナウイルスの蔓延が始まった 2019 年と渦中の 21 年との比較で，上海港からロッテルダム港向け 40 フィートコンテナ 1 本の海上輸送費は 10 倍近く値上りしたことが示されています。「Drewry Container Freight Insight」（2021 年 12 月 21 日）でも，上海からロッテルダム向け 40 フィートコンテナの輸送費は 2019 年 11 月に 1760 米ドルであったものが，21 年 11 月において 1 万 4450 米ドルになったとリポートされています。コンテナ輸送費が大幅上昇した背景としては，まず北米西海岸で港湾労働者がコロナに罹患し労働者不足となり，荷役が遅延したことがあげられます。荷役の遅延は世界の主要港でも発生し，多数のコンテナ船が滞船を余儀なくされました。北米西岸港では多いときで 100 隻以上の滞船がありました。また，輸出で使用されたコンテナが輸出先に行ったままになり，空コン（貨物引き取り後の空になったコンテナ）が他港に戻らず，コンテナの需給バランスが崩れました。さらに，原材料の入手が遅延したことで新しいコンテナの生産にも支障が生じました。一部地域では，使用可能なコンテナが不足するかもしれないという心理的不安が荷主や物流業者に生じて，空コンとコンテナ船スペースの奪い合いが起きました。一般的に，グローバル企業はコンテナスペースや運賃の確保に関して，自社の年間想定物量をもとに**グローバル・ビッド**（海運会社との間で年 1，2 回海上輸送費の取り決めを行う行為）を行い，安定を図っています。しかし，海運会社と一定の取り決めをもたずその都度運賃を交渉する（スポット運賃）スタイルの多い中国の物流業者などは，相場よりさ

らに高い輸送費を支払ってでも空コンやコンテナ船のスペースを確保しようとしました。こうした行動がコンテナ運賃をさらに上昇させました。輸送費上昇が顕著になったコンテナ輸送の代替として，航空輸送や，ユーラシア大陸内では鉄道輸送（中国鉄道・シベリア鉄道）への振替が起きました。当然，これらの輸送モードも連動して輸送費高騰が生じました。このリスク回避策として，生産拠点の国内回帰も含め，サプライチェーン時間軸短縮化への動き，いわゆる「サプライチェーン再編」の動きが出てきました。このサプライチェーン再編の理由としては，輸送リスクのほかに国家間リスクなどもあります。

2.2　コンテナ輸送

　コンテナ貨物が各港でどれだけの取扱量があるかについては，毎年さまざまな資料が公表されています。おもなものとして，UNCTAD（国連貿易開発会議）レポートの「The Review of Transportation」，イギリスの保険会社ロイド（Llyod）社の「Container Port Hundred」，クラークソン（Clarkson）社の「Shipping Review Database」などがあります。このうち UNCTAD レポートによれば，2021 年度における世界全体のコンテナ港湾取扱量は 8 億 5700 万 TEU となっています。TEU（Twenty-foot Equivalent Unit）とはコンテナ特有の数え方で，20 フィートのコンテナ 1 本を 1TEU，その倍の 40 フィートのコンテナ 1 本を 2TEU と数えます。

　2021 年のコンテナ取扱量（TEU ベース）は，TOP100 港で世界全体の 77% 程度，TOP50 港で 62% 程度，TOP30 港で 52% 程度です。「ハブ港」「スポーク港」といういい方がありますが（第 4 章参照），TOP30 港以上が「ハブ港」，TOP30 港から 50 港が「準ハブ港」の目安となり，TOP50 港以下はもはや「スポーク港」とされています。

　2013 年からコンテナ船の大型化競争が始まりました。この先陣を切ったのはデンマークのマースクライン（MAERSK LINE）社で，2013 年に「MAERSK Mc-KINNEY MØLLER」（1 万 8240TEU 積，水深マイナス 16.5 m，全長 400 m，幅 59 m〔コンテナが 23 列並ぶ〕）をアジア・欧州航路に投入しました。それ以降，大手海運会社が競いあってコンテナ船の大型化を進めました。いまでは，1 船で 2 万 TEU 以上を積載できるコンテナ船が就航しています。マースクライン社は大型船の投入を開始するにあたり，「戦略として，中国で 2 港，アジアで 1 港（マースクライン社の基幹港はマレーシアのタンジュンペラパス港），欧州で 2 港，

それを27日の定時輸送でつなぎたい」と発表しました。これはGSCM構築における コンテナ輸送の「時間軸」への貢献を非常に意識したもので，貨物量の多い「ハブ港」にのみ大型コンテナ船を投入し，そこから中小型コンテナ船で「スポーク港」とつなぐ戦略がより明確になりました。コンテナ船の大型化にともない，主要港において港湾の高規格化が求められるようになりました。港湾のなかで，コンテナ船などの船舶が離着岸する場所（船着き場）のことをバース（Berth）と呼びますが，バースはコンテナ船の大型化によって，水深がマイナス18 m以上，長さが400 m以上，クレーンの長さが60 m超というのが標準になってきました。港湾においては，これ以外にも，荷役の効率化を図るために，自動荷役やデジタル・トランスフォーメーション（DX）の導入などが求められるようになってきています。これらを実現するためには巨額の港湾投資が必要で，健全な港湾運営のためには，港湾運営会社あるいは港湾開発会社はその投資に見合った適正な港湾収益を得る必要があります。

　図7-1は2021年のコンテナ港湾TOP50港を示したものです。コンテナ港湾TOP30港のうち，24港がユーラシア大陸内にあり，24港のうちの9港が香港も含めた中国港です。残りの6港は，アメリカのロサンゼルス港，ロングビーチ港，ニューヨーク・ニュージャージー港，サバンナ港の4港およびドバイ港，モロッコのタンジール港です。日本の港湾は2016年以降1港もトップ30以内にランクインしていません。2021年においては東京港の46位が日本の最高位です。日本の5大港では，ほかに横浜が72位，神戸が73位，名古屋が77位，大阪が82位となっています。東京・川崎・横浜を「京浜港」としても23位相当，大阪・神戸を「阪神港」としても34位相当というのが日本コンテナ港湾の現状です。日本港湾はいまや「スポーク港になってしまった」と考えて差し支えないでしょう。スポーク港の弊害は，幹線航路からはずれ大型コンテナ船が寄港しなくなり，他国の港から中・小型コンテナ船で結ばれてしまうということです。実際，日本の輸出入貨物は中国の上海港，韓国の釜山港などで積み替えられることが増えています。この積み替えのことをトランシップといいますが，トランシップのタイミングが遅れると，予定していた船ではない次の船に回され納期遅延を起こしたりします。また，トランシップの際の事故も考えられます。こうした事故発生の頻度が上がると保険料の値上がりにつながることになります。トランシップになることで作業回数が増えることはトータルコストの増加にもつながります。

図7-1　コンテナ港湾TOP50港の位置とコンテナ貨物輸送量（2021年1～12月）

（単位：万TEU）

合計：5億4029万TEU

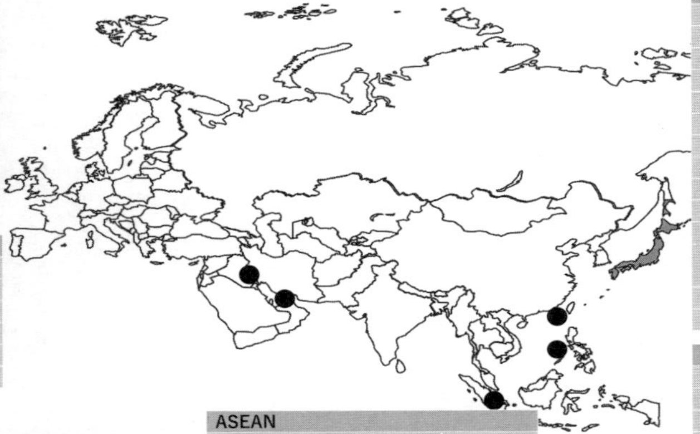

欧州

ロッテルダム (10)	1,530
アントワープ (14)	1,202
ハンブルグ (20)	872
ブレーメン/BH (37)	502
ピレウス (33)	543
アルヘシラス (42)	480
ブレーメン/BH (36)	477
フェリックストウ (49)	370
	5,976

中東・アフリカ

ドバイ (11)	1,374
タンジール (24)	717
ジェッダ (40)	488
ポートサイド (43)	443
サラーヤ (45)	451
	3,473

南西アジア

コロンボ (23)	725
ムンドラ (27)	666
ジャワハラル・ネール (29)	563
	1,954

ASEAN

シンガポール (2)	3,747
ポートケラン (12)	1,372
タンジュンペラパス (15)	1,120
レムチャバン (21)	834
ホーチミン (22)	796
タンジュンプリオク (26)	685
ハイフォン (28)	570
カイメップ (32)	539
マニラ (38)	498
タンジュンペラック (47)	390
	10,551

中国

上海 (1)	4,703
寧波 (3)	3,107
深圳 (4)	2,877
広州 (5)	2,418
青島 (6)	2,371
天津 (8)	2,027
香港 (9)	1,780
廈門 (13)	1,205
大倉 (25)	704
営口 (34)	521
日照 (35)	517
連雲港 (36)	509
欽州 (44)	463
	23,202

北東アジア（中国を除く）

釜山 (7)	2,271
高雄 (17)	986
東京 (46)	433
	3,690

北米

ロサンゼルス (16)	1,068
ロングビーチ (18)	938
NY/NJ (19)	899
サバンナ (30)	561
シアトル/タコマ (48)	374
バンクーバー (50)	368
	4,208

中南米

コロン (39)	492
サントス (41)	483
	975

● チョークポイントの位置

注：NY/NJはニューヨーク・ニュージャージー、BHはブレーメンハーフェン。
出所：日本港湾協会の資料（原典はLloyd's List "TOP 100 PORTS"）より筆者作成。

図 7-2 世界のコンテナの荷動き（推計，2021年）

（単位：千 TEU）
合計：1 億 8170 万 6647 TEU（前年比 10.8％増）

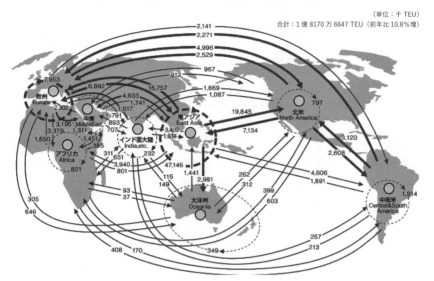

出所：日本港湾協会「Shipping Now 2022-2023」（作成は日本海事センター）。

　さて，世界全体のコンテナ港湾取扱量を実際のコンテナ取扱量である「コンテナ純流動量」におきかえるには，次のようなプロセスが必要です。世界全体のコンテナ港湾取扱量では，輸出におけるコンテナ取扱量と輸入におけるコンテナ取扱量が二重計算されています。トランシップが行われた場合もその取扱量が二重計算されています。こうした二重計算を除去する必要があります。ここで，日本から韓国でトランシップしてインドネシアへコンテナ輸送する例を考えてみましょう。日本の港湾では当然輸出取扱量としてカウントされますが，韓国の港湾では日本からのトランシップ量も取扱量として計算されます。さらに，インドネシアの港湾では輸入取扱量として計算されています。空になったコンテナ輸送もこのなかに含まれています。「コンテナ純流動量」は，次のような計算に基づいて導き出されます。

全世界港湾合計コンテナ取扱量　　A

空コンテナ取扱量　　　　　　　　B

トランシップコンテナ取扱量　　　C

トランシップ空コンテナ取扱量　　D

純流動に相当するコンテナ取扱量　$E = A - B - C + D$

全世界合計コンテナ純流動量（輸出と輸入の二重計算の除去）　$F=\dfrac{E}{2}$

　以上に基づいて作成された 2021 年の全世界合計の「コンテナ純流動量」が
図 7‐2 の上部にある「合計」となります。

2.3　鉄道輸送──輸送日数を大幅短縮させた「一帯一路」

　ユーラシア大陸内陸部での輸送は鉄道輸送が主となります。コンテナ船の大
型化競争が始まった 2013 年，中国国家主席に就任した習近平は，新分野製造
業の競争力強化を目的とした「中国製造 2025」とセットにして，その製品や
部品を輸送するルートとして「**一帯一路**」構想を発表しました。「一帯」とは
主として鉄道による，「一路」は海上輸送による中国とユーラシア大陸内各国
を結ぶ輸送ルートをさします。ユーラシア大陸を越えてアフリカ大陸にまで延
伸させる計画も盛り込まれていました。ちなみに，「一帯一路」の原型ともい
えるのが「アジア横断鉄道」構想です。これは国際連合のアジア極東経済委員
会（ECAFE），その後のアジア太平洋社会委員会（ESCAP）によって提唱され，
2000 年初頭に実証実験が行われていました。

　また，欧州が共同体形成に向かって動きはじめた 1990 年代，シベリア鉄道
（全線開通 1916 年）の利用も検討されました。その後，中国の積極的なインフラ
開発によりチャイナ・ランド・ブリッジ（渝新欧鉄道や中欧班列と呼ばれることも
ある）がシベリア鉄道と補完関係をもつようになりました。ただし，両ルート
とも基本は中国，ロシアそれぞれの国内輸送に主体がおかれ，海外との輸出入
輸送を主体にしたものではありません。他国との間で何らかの政治問題などが
発生すると，輸出入での利用が閉ざされ，国内輸送のみの利用に限定されてし
まうリスクがあります。その格好の事例は，ロシアによるウクライナ侵攻です。
それまで日本政府などもシベリア鉄道を支援しようとして実証実験を繰り返し
てきましたが，シベリア鉄道はいつ利用できるかわからなくなりました。

　こうしたなか，2023 年 9 月に開催された G20 サミットにおいて，インドと
中東を鉄道と航路で結ぶ「インド・中東・欧州経済回廊（India-Middle East-
Europe Economic Corridor: IMEC）」構想が発表され，その投資覚書に EU（欧州
連合），インド，サウジアラビア，アラブ首長国連邦，アメリカ，フランス，
ドイツ，イタリアの 8 カ国・共同体が調印しました。これは「アメリカ版一帯
一路」とも呼ばれていますが，今後インドからアラブ首長国連邦，サウジアラ

ビア，ヨルダン，イスラエルを経由して欧州に至る鉄道網が整備される可能性が出てきました。IMEC は ECAFE および ESCAP が当初提唱していた構想そのものです。

　一方，「一帯」の最新の動きとしては，次のようなものがあります。中国の南部，広西チワン族自治区の省都・南寧の近くに「欽州港」という港があります。欽州港では近年コンテナ取扱量が急増し，ついに 2021 年のコンテナ港湾世界ランキングにおいて 44 位にランクインし，東京港（46 位）を一気に抜き去りました。コンテナ取扱数量急増の一因としてあげられるのは，中国とシンガポールが推進した「中国・シンガポール（重慶）戦略コネクティビティー・デモンストレーション・イニシアティブに基づく国際陸海貿易新通道」構想です。成都，武漢，重慶などの中国内陸都市からアジアに輸出する際，従来はトラックや鉄道を利用して上海港，寧波港，広州港に国内輸送し，そこからコンテナ船でアジア各国に輸送しなければならず，この輸送方法だと日数にして 2 週間程度かかりました。ところが，内陸都市と南寧が鉄道でつながったことで，広西チワン自治区の港湾である欽州港を経由しアジアに輸送すると，1 週間前後の輸送日数の短縮が可能になりました。さらなる利便性を高めるため，2022 年 8 月から南寧と欽州港を結ぶ「平陸運河」と呼ばれる運河造成が始まっています。今後，アジアにおいては「一帯」の南下接続が進み出すことが考えられます。2016 年以降，2 年ごとに中国を含めたメコン川流域 6 カ国による首脳経済協力会議が実施され，地域の経済開発が議論されています。そのなかの議題の 1 つが輸送インフラ整備です。もともと，2012 年にタイによって提唱された「瀾滄江－メコン川協力」のなかで中国・昆明とタイをつなぐ鉄道案がありました。「一帯」の南下接続が具体化した例としては，2021 年 12 月 3 日，中国の雲南省・昆明とラオス・ビエンチャン間 1035 km の鉄道開通があります。また，カンボジアとベトナム，タイの鉄道接続も着工が始まっており，これらが完成するとインドシナ半島と中国内陸部やヨーロッパを結ぶ新しいルートができることになります。このほか，ミャンマーのチャウピー港と昆明を接続する構想，あるいはパキスタンのグァダル港と昆明の接続も予定されていましたが，両港ともに複雑な課題を抱えています。

　「一帯一路」については，安全保障上での批判もあります。アメリカの政府系コンサルティング会社 Booz Allen Hamilton Inc. の報告書「Energy Future in Asia」（2004 年）は，中国の「真珠の首飾り（The string of pearls）作戦」は

米中などの軍事対立を深めてしまうとの懸念を訴えました。「真珠の首飾り」というのは，中国が計画している「一路」構想の港を線でつなぐとまるでそれが真珠の首飾りのようにみえることからこの名前がついています。「一帯一路」に関しては，「債務の罠」も問題になっています。実際，ギリシャ，スリランカ，パキスタンなどでは中国から借り入れした開発費用に対する金利返済が滞り，中国に長期にわたり港湾使用権を与えざるをえなくなったなどの弊害が生じています。2023 年 9 月の G20 サミットにおいて，西側主要国で唯一「一帯一路」に参画していたイタリアが離脱を表明しました。

2.4　航空輸送

航空輸送は大別すると，

① ベリー（旅客機の貨物室の空きスペース）利用

② 貨物専用機（各航空会社・物流業者などが保有）利用

③ インテグレーテッド・キャリア（FedEX，UPS などに代表される自前の貨物旅客機をもち，グローバルにネットワーク展開している航空貨物会社）が提供するサービス利用

④ チャーター機利用

に分かれます。国際航空貨物を取り扱うためには，航空貨物運送業法で決められた要件として，国際航空運送協会（International Air Transport Association: IATA）の貨物代理店となり，国際一般混載事業者として登録を行う必要があります。荷主はこうした資格を有する航空貨物フォワーダーに航空貨物を輸送委託します。航空貨物に適する貨物としては，価格帯が高く少量の貨物（半導体や機械部品など），緊急度の高い貨物（季節品，生鮮食品，売れ筋衣料品など）があげられます。チャーター分野で注目しておきたいのは，旧ソビエト連邦のアントノフ設計局が開発した貨物機「アントノフ」です。ソ連崩壊後，ウクライナに製造管理が引き継がれました。代表的な機種は，1988 年に運航開始された An-225（2 機ありますが 1 機は未完成だったといわれています）で，積載量は公称 225 トンでした。しかし，247 トンを積んで飛行した実績があるともいわれています。これに対抗する大積載量をもつ航空貨物機としてボーイング社の B777F などがあります。こちらは ANA が 2019 年から 102 トン積みの貨物専用機にして，日米間の貨物輸送に利用しています。新型コロナウイルスの蔓延を契機に，その他の航空会社も旅客機から貨物専用機への転用を始めています。

主要なフォワーダーも自社貨物機をもちはじめるようになったほか，大手海運会社も航空貨物事業に着手しはじめています。

2.5 河川輸送

かつて，日本では「北前船」と呼ばれる河川輸送回廊が構築されていた時代がありました。しかし，日本の工業化が進むにつれ，日本での河川利用はほとんどみられなくなりました。ところが，海外では河川はいまでも重要な輸送モードとして利用されています。たとえば，ヨーロッパではロッテルダム港（オランダ）からライン川（ドイツ），さらにはドナウ川を経て東欧のハンガリーやチェコまでつながる輸送ルートがあります。河川輸送の利便性を説明するため，巨大な工場設備や大型機械（プラント貨物）のような重厚長大貨物の輸送事例をあげてみます。プラント貨物を道路輸送する場合，高さや幅が道路交通法に抵触する場合が多々あります。また，エスコートを付け低床トレーラーによる夜間輸送に限定されるなどということが義務づけられる場合もあります。ときには，電線が輸送を邪魔することもあります。この場合，輸送後の復元を条件に電線を一時切断することになります。河川輸送は，陸路輸送のこうした難題を解決してくれます。プラント貨物輸送以外にも，河川輸送は陸路輸送において何かと規則が複雑な爆発の危険性のある化学品輸送などにも利用されています。アメリカでは，ミシシッピー川を利用して鉄鉱石・穀物・石炭などのバルク品（ばら積み貨物）などが輸送されています。中国には揚子江（全長約2000km）を利用してモノを輸送する「長江物流」があります。長江物流が注目されはじめたのは，三峡ダム（揚子江を利用した中国最大のダム）完成が近づいた2003年頃のことです。当時年間3億トン程度だった貨物量は2017年には27億トン程度にまで伸びています。「長江物流」が発達したのは，第11次5カ年計画（2006～10年）で重慶，武漢，成都などの揚子江流域主要都市が経済成長したのにともない，揚子江流域の港湾開発が進んだことが要因としてあげられます。2020年4月には，成都に近い四川省瀘州市において，全長105m，幅16.2m，積載重量6000トンの貨物船が進水したことが報じられています。

2.6 トラック輸送

トラック輸送は主として国内輸送で使用されていますが，もちろん，内陸国間の国際輸送にも使用されています。2000年以降，日本の政府開発援助

（ODA）を中心にベトナム，ラオス，カンボジア，タイ，ミャンマーを結ぶ高速道路の開発が進みました。

① 東西経済回廊（ベトナムのダナンからラオス，タイを経て，ミャンマーのヤンゴンを結ぶルート）

② 南北経済回廊（昆明からメコン川に沿いラオス，タイのバンコクを結ぶルート）

③ 南部経済回廊（ベトナムのホーチミンからカンボジア，タイ，ミャンマーのダウェーを結ぶルート）

が日本のODAを中心に開発されたおもなルートです。

トラック輸送における今後の課題は，長距離トラックが排出する温室効果ガス削減になります。先進国および中国では，商用EV（電気自動車）や水素燃料トラックの開発が急速に進んでいます。とくにEUでは，後述する「汎欧州運輸ネットワーク（TEN-T）計画」のように鉄道と商用EVの組み合わせで温室効果ガスゼロに向けた輸送取り組みが始まっています。東南アジアの主たる領域を占めるインドシナ半島においても，今後この温室効果ガス削減という課題に真正面から取り組むことが急務になるでしょう。

ちなみに，日通総研『2022年度の経済と貨物輸送の見通し』によれば，日本における国内総輸送量は43億1780万トンですが，輸送モード別の輸送量は自動車輸送量が39.48億トン，鉄道輸送量が0.39億トン，内航海運輸送量が3.31億トン，航空輸送量が48万トンとなっています。日本一国をとらえると，輸送モードは自動車輸送偏重となっています。

3 GSCMに関する輸送リスク

新型コロナウイルスやロシアによるウクライナ侵攻により輸送費が大幅上昇したことはすでに述べましたが，同様のことは1980年代におけるイラン・イラク戦争の際にも起きています。当時もいまも，北東アジアから東南アジアを経てヨーロッパまで海上貨物を輸送するには，ホルムズ海峡を経てその先にあるスエズ運河を通行する必要があります。イラン・イラク戦争時，ホルムズ海峡を通過するには相当なリスクをともないました。実際，何隻かの船が両国間の砲撃応酬で被弾し沈没しました。また，イラン，イラクの港湾として，バンダレ・アッバースしか使えなくなったため，ここでは多数の滞船が生じました。

海上輸送費にはサーチャージという基本輸送費以外に付加される別料金があります。たとえば為替リスク回避のためのCAF（Currency Adjustment Factor）や石油価格リスク回避のためのBAF（Bunker Adjustment Factor）などが代表的なものですが，戦争地域と認定された場合はさらにWar Risk Surchargeが付加され，イラン・イラク戦争時にはWar Risk Surchargeが100％を超え，基礎輸送費よりも高くなりました。

　図7-1のなかで●をつけたものが，「**チョークポイント**」と呼ばれる地域です。チョークポイントとは，いったんこの地点で何らかの紛争があると輸送が長期にわたり滞ってしまう地点のことで，「喉を締める」という意味が込められています。図7-1の左から，スエズ運河，ホルムズ海峡，マラッカ海峡，南沙・西沙諸島，台湾海峡です。コンテナ取扱量の多い，東南アジア地域（ASEAN〔東南アジア諸国連合〕），北東アジア地域がこうした紛争地域に指定されると，海上輸送費が再上昇する懸念があります。

　GSCMにおいてはこの輸送リスクを常に念頭においておく必要があります。

4　SDGsへの輸送分野の貢献

4.1　輸送モード別のカーボン排出量

　2015年9月の国連サミットにおいて，2030年までに持続可能でよりよい世界をめざすという国際目標であるSDGsが加盟国の全会一致で採択されました。17のゴールと169のターゲットから構成されますが，ここでは，SDGsへの輸送分野の貢献をいくつか紹介します。

　トン・キロベースとは，1トンの貨物を積んで1キロ輸送することをいいます。温室効果ガスの1つであるCO_2が，輸送モード別にトン・キロベース当たりどれだけ排出されているかを示したのが図7-3です。CO_2排出量の多さは，航空機，トラック，鉄道，船舶の順です。さらに船舶では大型化した方がCO_2排出量を削減できるという調査結果があります。

　また，現在，船舶燃料として重油（A重油，B重油，C重油），LPガス，ガソリン，ナフサ，灯油，ジェット燃料，軽油などが使用されていますが，これら化石燃料の使用を減らし，メタノール，水素，アンモニア，風力，太陽光を使った動力源への切り替えを図る競争も始まっています。CO_2削減は，他の輸送モードでもさまざまな取り組みが始まっています。

図 7-3 輸送モード別の CO_2 排出量の目安

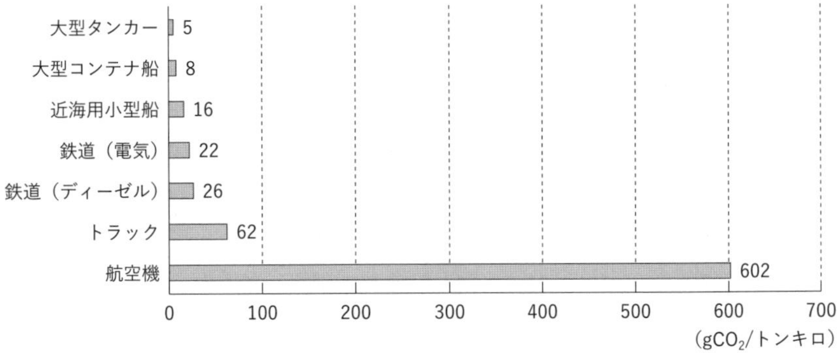

輸送モード	$gCO_2/$トンキロ
大型タンカー	5
大型コンテナ船	8
近海用小型船	16
鉄道（電気）	22
鉄道（ディーゼル）	26
トラック	62
航空機	602

出所：ECTA（European Chemical Transport Association）2018 をもとに筆者作成。

4.2 ISO14083 によるカーボン排出量算定の動き

EU では，2015 年の SDGs に先駆けて，2013 年に「欧州グリーン・ディール」の推進を発表しました。この骨子のなかに 1990 年から計画のあった「欧州横断輸送ネットワーク計画（Trans-European Transport Network: TEN-T）」も組み込まれました。「TEN-T 計画」とは，EU 加盟国の重要都市を結ぶ 9 つの回廊（輸送循環ルート）をつくり，モノとヒトの輸送についてできるだけ鉄道と EV を結びつけた利用や都市交通の利用を促し，温室効果ガス（とくに CO_2）削減を図るという意欲的なインフラ整備計画です。当初は，2050 年までに 1990 年比 90% の CO_2 削減をめざしていました。「欧州グリーン・ディール」では，2030 年までに「中核ネットワーク（回廊）」をつくり上げ，その後 20 年をかけて 2050 年までに EU 域内のあらゆる地域とのネットワーク化を完成させるとしています。ハード面だけでなく，ソフト面である情報網整備も計画のなかに組み込まれています。そして，将来，ここに新しい動きである「インド・中東・欧州経済回廊（IMEC）」が接続されることになるでしょう。

CO_2 排出量を測り，可視化することも重要になってきます。国際的に通用する規格を制定する非政府組織である国際海事機関（International Organization for Standardization: ISO）が輸送モードの連鎖である輸送チェーンの利用から生じる CO_2 排出量の可視化を求める「ISO14083: 2023」を制定しました。日本では，2016 年に経済産業省と国土交通省が共同で「ロジスティクス分野における CO_2 排出量算定方法共同ガイドライン Ver. 3.1」を公表しています。民間企業でも動きがあります。一例をあげれば，ヤマト運輸がフランスの大手宅配業

　イノベーションによってその業界が一変してしまうことがありますが，それは物流の世界でも起きていました。ここでは，物流の世界を変えた 2 人の巨人を取り上げます。

●マルコム・マクリーン（Malcolm Purcell McLean，1913〜2001 年）

　1956 年 4 月 26 日，マルコム・マクリーンの発想した「アイデアル X 号」が液体タンクを含む 35 フィートのコンテナ 58 個を積んでニューアーク港からヒューストン港まで航海しました。これが今日のコンテナ船の始まりです。これはやがて，アメリカの海事法の改正につながり「複合一貫輸送」と呼ばれる海上と陸上を一気通貫する「社会システム」をつくりました。

　マルコム・マクリーンとコンテナ船についての物語は『コンテナ物語──世界を変えたのは「箱」の発明だった（増補改訂版）』（M. レビンソン〔村井章子訳〕日経 BP，2019 年）で読むことができます。

●フレッド・スミス（Frederik Wallace "Fred" Smith，1941 年〜）

　フレッド・スミスが起業した FedEx は 2022 年 3 月末時点で，自社航空貨物機 560 機を有し，世界 220 カ所をカバーする航空貨物業界の雄になっています。しかし，ここに至るまでの道は決して平坦なものではありませんでした。彼がエール大学経済学部で書いたリポート「ハブ＆スポーク」は C 評価（日本の「可」に相当）でした。大学を卒業した彼は，自らの構想を実現化すべく 1973 年に FedEx 社を起業し，まずはテネシー州メンフィス国際空港を「ハブ」にして，アメリカ主要 25 都市を「スポーク」とする「オーバーナイトデリバリー（翌日配達）」という「社会システム」をつくりました。いまでは，アメリカの UPS，ドイツの DHL が競合企業となっているほか，中国の順豊国際（SF International）もアジアでの展開を始めています。

者 DPD グループと提携し ISO14083：2023 の算定基準づくりに参画すると発表し，これら企業がコンソーシアムを組んで CO_2 排出量を算定するシステム開発に着手しはじめています。システム開発については，野村総合研究所など大手コンサルタント会社の参入も始まっています。

　また，2023 年 7 月に行われた国際海事機関のロンドン会議において，「国際的に往来する船舶から出る CO_2 を 2050 年までに実質ゼロにする目標」について加盟国 175 カ国が全会一致で合意しました。会議では数カ国の反対がありましたが，結果として，2008 年との比較で 2030 年までに 20〜30％，40 年までに 70〜80％，そして 2050 年には実質ゼロにするという具体的数値が盛り込まれました。これを受けて，今後，海上船舶などは新エネルギーを動力源とする

船舶への切り替えが求められるようになります。そして新エネルギーのサプラ
イチェーン創出および新エネルギーを取り扱う（新エネルギーを貯蔵し，船舶に
供給する）港湾整備も重要な課題になってくるでしょう。

　以上のような SDGs と輸送に関した EU をはじめとする先進的取り組みは，
人口の多い中国，インドやグローバルサウスと呼ばれる新興国のベンチマーク
になるでしょう。そして，これらの国々が先進的取り組みを参考にして，いか
に SDGs 対策を練り，実際に行動するかを注視していく必要があります。

◆レビュー・クエスチョン
　1　図 7-1 にあるコンテナ港湾 TOP50 の位置を地図で確かめ，英語で港湾名を書
　　いてみなさい。
　2　GSCM 担当者になったつもりで，チョークポイントの 1 つを選択し，そこで紛
　　争があったと想定し対策を考えてみなさい。
　3　欧州の「TEN-T 計画」と SDGs の関係をさらに調べてみなさい。
　4　ISO14083: 2023 についてより深く調べてみなさい。

〈引用・参考文献〉
遠藤誉［2018］『「中国製造 2025」の衝撃――習近平はいま何を目論んでいるのか』
　PHP 研究所
川﨑芳一・寺田一薫・手塚広一郎編著［2015］『コンテナ港湾の運営と競争』成山堂
　書店
カンナ，P.（尼丁千津子訳）［2019］『アジアの世紀――接続性の未来（上）（下）』原
　書房
黒岩郁雄編著［2014］『東アジア統合の経済学』日本評論社
NIRA・E Asia 研究チーム編著［2001］『東アジア回廊の形成――経済共生の追求』
　日本経済評論社
ピルズベリー，M.（野中香方子訳）［2015］『China2049――秘密裏に遂行される「世
　界覇権 100 年戦略」』日経 BP 社
藤田昌久・浜口伸明［2014］「東アジアにおけるサプライチェーンの国際化――包摂
　性とリスク」経済産業研究所
フレーゼル，E.H.（高橋輝男監訳・中野雅司訳）［2007］『サプライチェーン・ロジス
　ティクス』白桃書房
山本武彦・天児慧編［2007］『新たな地域形成』東アジア共同体の構築 1，岩波書店
日本海事広報協会「日本の海運　SHIPPING NOW 2022-2023」日本海事広報協会
United Nations, Review of Maritime Transport 2022.

第8章

GSCM と企業経営

学習の目的
- □ GSCM の経営計画と管理のあり方について学びます。
- □ GSCM における経営計画と経営管理のための業務プロセスモデル S&OP（Sales and Operations Planning：ローリング〔修正〕型の戦略実行計画）の理解を通して，企業経営における GSCM の実践方法について学習します。

Keywords ——

事業計画，戦略実行計画，機能別組織横断の計画，金額計画，数量計画，計画ローリング

1 GSCM が難しい理由

1.1 GSCM のネットワーク設計と管理の難しさ

まず，グローバル・サプライチェーン・マネジメント（GSCM）のネットワークを設計し管理していくことの難しさについてみてみましょう（図8-1）。困難の第1の理由は，グローバル企業のサプライチェーン（SC）・ネットワークが複雑になってきたことです。従来，日本企業は日本，欧州，北米，南米，中国，アジアなどの地域本社制のもと，各地域でほとんど完結する SC ネットワークを採用していました。こうすることで，GSCM の複雑さによるネットワーク管理の困難さや，為替の変動リスクをある程度回避でき，地域本社制は多くの企業で有効に機能してきました。しかし，最近では，図8-1のように，地域ごとに SC ネットワークを完結させることが難しくなり，素材・部品調達，コア部品製造，製品組立，製品販売について複雑なネットワークの動的な管理

図8-1　GSCM が難しい理由

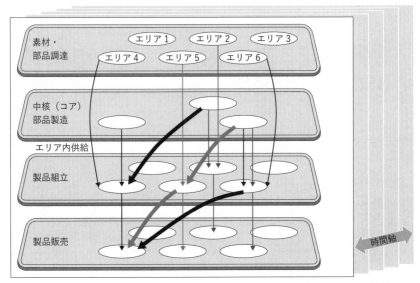

①設備投資の不可逆性／②需要動向／③為替変動／④各設備の供給能力／⑤輸送距離／
⑥各種制度的要因……

（出所）　筆者作成。

が必須となってきました。これは多くの企業にとって新たな挑戦課題です。さ
らに，新興国における製品開発機能の整備が競争優位確保のために重要となっ
てきており，今後ますます SC ネットワークは複雑化する傾向にあります。

　困難の第2の理由は，経営環境の変化に適応しつつ，SC ネットワークを機
敏に変革し続けることが必要となっていることです。3カ月後，半年後，1年
後の経営環境の変化を予測し，常に最適な状態に近い状態で SC ネットワーク
を維持し続けるためには，環境変化の予兆把握，予測・計画的な調整，製造設
備への投資や工場や物流拠点などへの迅速な拠点投資の意思決定が重要となり
ます。

　基本的には，設備投資や拠点投資は不可逆的な投資です。そのため，意思決
定には需要規模，工場の最低生産数量の制約，為替レート，輸送距離など多様
な環境要因を考慮する必要があります。しかし，当然のことながら環境変化を
すべて見通すことは難しく，予測は不確実性を含みます。このため中長期の経
営意思決定に際して，不確実な経営環境を前提とした場合に，一体どのような

意思決定プロセスを採用すべきなのか，ということが論点となります。

1.2　従来の経営計画の概略と課題

　従来の一般的な経営計画立案プロセスを図 8-2 に示しました。通常，企業は 3 年に 1 度，向こう 3 年間の中長期経営計画を立案します。中長期経営計画では事業ポートフォリオ計画（事業投資の重点領域，リスクと収益構造の設計）など，事業構造の変革の視点から計画を立案します。

　図 8-2 の中間部に位置するのが，金額ベースで作成された**事業計画**です。これは地域ごとに，さらに機能別組織ごと（マーケティング，販売，製造，物流，財務など）に立案される翌年度の事業計画です。通常，年末頃から立案され，組織階層に従い階層型調整により計画が立案されます。事業計画は基本的に貸借対照表（Balance Sheet: BS）と損益計算書（Profit and Loss Statement: PL）の金額ベースの計画（**金額計画**）として月次単位で作成されます。一方，数量ベースの計画（**数量計画**），つまりどの製品を何個生産・販売するかということについてまでは議論されないことが普通です。数量を加味した事業計画はあまりに複雑だからです。

　事業計画は，多くの場合，日本，北米，欧州，中国，東南アジアなど，各地域の地域本部ごとに作成され，さらにその下部組織としての各機能別組織（たとえば，アメリカ営業組織の下部組織としてはアメリカ東海岸，西海岸，中西部営業組織などがあります）の事業計画へ展開され，組織の上位階層と下部階層との間で，複数回，数字のやりとりが行われます。上位組織の事業計画は，下部組織で作成された事業計画の金額を合計し，組織間の内部取引を差し引くことで算出されます。当該事業のライフサイクルなどを反映し，目標とする売上や利益率などについて各部署が上位組織に対しコミットメント（公約）を行います。

　事業計画は最終的に全社の経営計画として策定され，投資家向けのコミットメントとして対外発表される数字となり，計画と実績が厳しく検証されます。このため事業計画の達成度は各組織の業績評価に直結することが多くなってきました（成果主義の組織評価）。こうして各部署の事業計画は，巨大な企業組織の「規律とコントロール」のためにきわめて重要な数字となっていくのです。

　図 8-2 の最下層にはサプライチェーン・マネジメント（SCM）計画があります。SCM 計画における販売計画や供給計画は，およそ 3 カ月先までのおもに数量ベースの計画として作成されます。SCM 業務では，生産に必要な部品

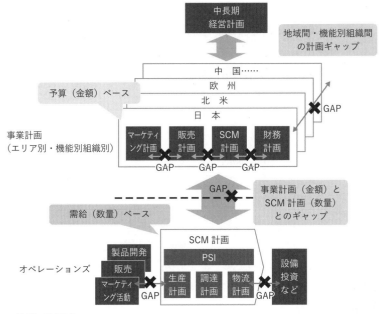

図8-2　整合性がとりにくい従来の中長期経営計画，事業計画，SCM 計画

（出所）　筆者作成。

や素材を，すべて必要なタイミングで確実に調達することが重要です。1種類
でも部品が足りない場合，工場が停止してしまう危険性があるためです。

　膨大で複雑な調達活動と，多様で不確実な商品販売活動は，部品1個が1日
遅れても問題が生じます。したがって，きめ細かく確実な SCM 計画と実行管
理が求められます。もちろん，各種の部品在庫，仕掛品在庫などの在庫数量
は，ROA（総資産利益率）を一定の水準に維持するために，過大にならないよ
う適正な水準に維持していくことが重要です。

　本来，SCM 計画は事業計画を実現するための計画です。では，事業計画の
実現に貢献するには，誰（どの組織）が，いつ（頻度やタイミング），どういう方
法で上位の事業計画との整合性を保っていくべきでしょうか。これには以下の
少し複雑な事情を考慮することが必要です。

　まず，事業計画は金額ベースの計画でしかないため，数量ベースでの SCM
計画と整合性を確保することは容易ではありません。また通常は向こう3カ月
程度先までしか立案されていない SCM において発生するさまざまな問題は，
半年から1年前に何らかの兆候を発見し事前に対応しておけば，比較的円滑に

図 8-3　ローリング型の戦略実行計画（S&OP）

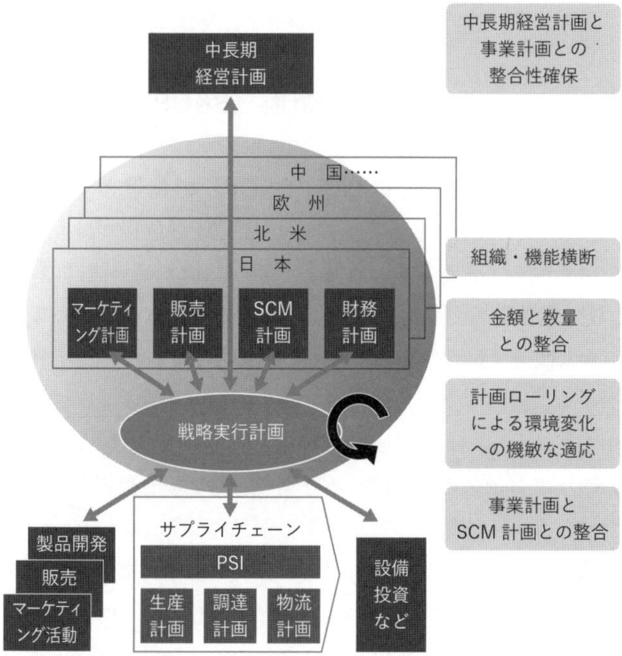

中長期経営計画

中長期経営計画と
事業計画との
整合性確保

中　国……
欧　州
北　米
日　本

マーケティ
ング計画

販売
計画

SCM
計画

財務
計画

組織・機能横断

金額と数量
との整合

戦略実行計画

計画ローリング
による環境変化
への機敏な適応

製品開発

販売

マーケティ
ング活動

サプライチェーン

PSI

生産
計画

調達
計画

物流
計画

設備
投資
など

事業計画と
SCM 計画との整合

（出所）　筆者作成。

対応できる場合も少なくありませんが，直近になればなるほど解決は難しくな
ります。さらに事業計画は，組織を目標へ動機づけする規律とコントロールを
目的とするため，経営環境変化への柔軟な対応はこれと矛盾する面があり，必
ずしも SCM 計画との調整は容易ではありません。目標予算が常に変動してい
くのでは，目標追求への強い動機の維持が難しくなる危険性が生じるからです。
たとえば，営業部門は売上目標の達成が危うくなった際に，各種の販売促進策
を採用し，何とかがんばろうとします。それに対し，SCM 部門が「目標達成
は難しそうだから生産数量も削減する計画に修正した」と通告したとします。
そのとき，営業部門が「そんなことをしたらいま実施している販売促進策がう
まくいった場合，販売する商品がなくなることになる。当初の売上計画に沿っ
て生産してくれないと困る」と考えるのは当然です。
　上記の問題意識を背景に，中長期経営計画と短期の SCM 計画との整合性を
維持していくために，従来の事業計画に代わるものとして提案されたのが，図
8-3 のローリング型の**戦略実行計画**（Sales and Operations Planning: S&OP）と呼

ばれる業務プロセスです。ここでローリングとは，計画を毎月修正し続けることを意味します。

2　ローリング型の戦略実行計画（S&OP）とは

2.1　GSCM の意思決定プロセス（S&OP）の背景と基本的な考え方

第3章の表3-1「パラダイム・シフトと GSCM の位置づけ」のフレームワークでは，大量生産・大量消費を前提とした，組織や業務設計の考え方（パラダイム）から，経営環境変化への機敏な対応を重視する新しいパラダイム，アジリティ（俊敏性）・パラダイムへの転換を説明しました。S&OP はアジリティ・パラダイムに適応するために，アメリカのコンサルタントだったトム・ウァラスとボブ・ストゥールが提唱した新しい組織管理方式です。

　S&OP の業務プロセスの目的は，不確実な経営環境を前提として，複数シナリオのもとでとりうる施策との効果をあらかじめシミュレーションしておき，機能別組織横断で，関連する経営層で常に「将来の事業機会とリスク」について共通認識を形成しておくことです。つまり S&OP は，単なる規律とコントロール，業績評価のための業務プロセスではなく，経営層がチームとして機敏な意思決定を行うための組織管理方式なのです。

2.2　S&OP の4つの特徴と戦略的意思決定のポイント

S&OP には，従来の仕組みとは異なる4つの特徴があります。

①機能別組織横断での計画立案であること

S&OP は，マーケティング部門による新商品の上市（マーケットに投入する）のタイミング，営業部門による地域別・商品別の売上計画，SC の担当部署による GSCM ネットワーク計画，財務担当による収益計画など，これらの**機能別組織横断の計画**を常に事業計画と整合性のとれた計画として維持し続ける業務プロセスです。

②金額だけでなく，商品の数量も計画対象であること

従来の事業計画では予算として，PL と BS を金額として策定していました。金額だけでは機能別組織横断の計画の整合性は表面的なものとなりがちです。同じ1億円の売上でも各製品の割合，各部品の割合，それをどこからいつ調達するのか，ということが計画で確認できることが重要となります。このため，

どの製品を何個生産するのか，それに必要な半製品，資材，部品に至るまで数量計画としてブレイク・ダウンし，それをどこで，いつ生産するのか，材料はどこからいつ調達するのかというSCのネットワークまでも計画しておくことが，機能別組織横断計画の整合性を確保するためには必要になります。

このため，S&OPは金額だけでなく，製品や部品の数量も対象とします。すべての部品を管理しようとすると複雑になりすぎるため，計画は，調達に長期間を要する部品を共通に有する製品群レベルで行います。製品群とは，キーパーツを共通に利用する製品のまとまりのことです。キーパーツとは，たとえば調達リードタイムの長い特殊な半導体などをさします。このようなキーパーツは，S&OP計画の段階で計画に含めておく必要があります。また，生産に必要な供給ネットワークの設計も同時に必要です。一方で，いつでも短いリードタイムで容易に調達できる部品については，計画には含めません。1年前などから，数量や調達先をあらかじめ計画しておく必要がないからです。S&OPでは，どこから原材料や部品を調達し，どこで半製品にし，どこで製品を生産し，どこの物流センターを経由してどの販売店で販売するのか，こうした供給ネットワークの設計を行います。供給ネットワークは数量を計画に組み入れて，はじめて計画に正確に反映できるようになるのです。

③毎月のローリング型の計画活動であること

S&OPは18カ月から24カ月の計画スパン（対象期間）で，月次単位の計画を立て，毎月それをローリング（2.4で詳述）します。翌月には計画のスパンが1カ月分延長されることになります。S&OPにより，新たな経営環境の認識，シナリオ，とるべき具体的な施策・行動，その財務への影響について，機能別組織を横断し，毎月経営会議で議論します。もちろん，必ずしもすべての計画をゼロベースで見直すというわけではありません。戦略の変更と計画の見直しについて，常に複数シナリオを考え，各シナリオを評価することで，どのような状況になったらその施策を採用すべきかについて，機能別組織の役員が集う経営会議であらかじめ共通認識を形成しておくことが，機敏な意思決定を行うためにきわめて重要です。

④経営層での意思決定であること

このように考えてくると，S&OPは機能別組織（マーケティング，営業，SCM〔製造，物流など〕の各事業部）の計画を単純に積み上げて作成するわけではないことがわかります。S&OPは，機能別組織を横断する責任者が集う経営会議で

決められることが重要なのです。

　S&OP では，中長期のさまざまな経営環境の変化を考慮して意思決定していくことが必要です。このため，S&OP は中長期計画の実行計画に相当する意思決定プロセスであり，戦略実行計画と呼ぶ理由はここにあります。

　戦略実行計画における検討内容はおおむね以下のとおりです。

- ●マーケティング戦略と SCM 戦略の整合性確保
- ●製品アイテム数のマネジメント，新製品の導入タイミング
- ●SC ネットワーク設計（資材調達，コア部材製造，製品組立，販売ネットワーク）
- ●製品設計における共通部品や共通モジュール（モジュールとは，特定の機能を果たす機能単位で交換可能な，システムを構成する部品群。モジュールは，他の機能モジュールとのインターフェース〔2つのものをつなぐための形式や手順〕が定義され，容易に交換できる仕組みとして設計される）活用の影響評価
- ●設備投資，M & A（企業の合併・買収）などの選択肢とその評価，意思決定の条件

S&OP では，各地域の市場成長，競合他社の動向，為替レートの長期見通しなど，多くの外部変数を予測し，ありうる経営環境変化について複数のシナリオを検討します。そして，シナリオ別にあらかじめ準備しておくべき施策と効果をシミュレーションし，事業機会とリスクについて経営幹部間で共通認識を形成しておくことで経営環境の不測の事態に機敏に対応できる能力を組織として獲得することが，S&OP のねらいです。

2.3　S&OP において，なぜ計画ローリングが重要なのか

　従来，予算管理とは，年に1度予算を作成し，その予算で組織を規律し，統制管理（コントロール）することであるというのが一般的な考え方でした。この年次予算は半期・四半期ごとに目標達成を評価され，これが各機能別組織や現場の業績評価に直結するわけです。

　こうした管理方式は一見妥当なようにみえますが，期間ごとの業績評価を厳しく追求すればするほど，想定外の副作用が発生する危険性があります。たとえば，四半期での業績評価を追求しすぎると，現場では3カ月の短い期間において成果が出る売上拡大（リベートを活用した月次押し込み販売など）や財務上の利益拡大施策（生産ラインの稼働率を上げ，期末在庫を積み増し売上原価を低減させ

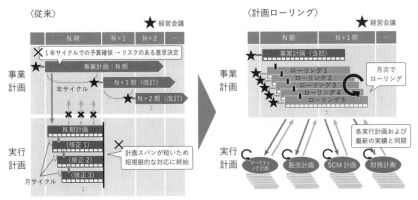

図8-4　計画ローリングのイメージ

（出所）　筆者作成。

ることで，みかけ上の利益を拡大させる行動など）が採用されてしまいがちになります。四半期の業績が悪ければ報酬も下がり降格させられるというような厳しい「短期成果主義の業績評価」を採用した状況下では，こうした副作用が発生する危険性も高くなります。これでは本質的な課題に対して，じっくり腰を据えて対応する業務プロセス改革などは遠回りに感じられるのも当然です。

　また，新規の工場整備の投資などの大型の投資案件では，年間の事業計画を立てる際に予算に参入されていなければ期中に投資判断を行うことは難しくなります。これには2つの副作用があります。第1に，次の事業計画を立案する年末まで検討が先送りされることです。重要な戦略的な意思決定が，後手に回る危険性が高くなります。第2に，予算策定時に思い切った意思決定をするということも問題です。たとえば，予算上大きな工場拠点投資でも，いったん予算に組み入れてしまうと予算の見直しを行うことは心理的に難しくなります。まだ経営環境が不確実なときにリスクの高い意思決定を行わざるをえない状況に直面してしまうことになります。

　一方で，もし経営環境が変化した場合，翌月に中長期の計画が修正可能ということになれば，予算の時期に思い切った，つまりリスクが大きな意思決定を行う必要はありません。翌月にできる決定を，今月拙速に意思決定する必要がないからです。つまり，状況判断をギリギリまで延期し，できるだけ不確実性リスクが低い状態で意思決定を行うことが可能となります。こうすることで，

長期的に考えたときに，誤った意思決定を行う確率が低くなるわけです。これが，**計画ローリング**による意思決定プロセスの大きなメリットです（図8‐4）。もちろん，月次計画の修正は各機能別組織が集い合意のもとで行います。

このように，S&OP の目的は経営層の共通認識を形成し，環境変化にともなう複数のシナリオを想定して，将来の事業機会とリスク（不確実性）を機能別組織横断で評価し，施策とその効果をシミュレーションすることにあります。こうすることで，毎月中長期視野での意思決定を行うことができる仕組みとし，ギリギリまで意思決定を遅らせることで，リスクの高い意思決定を回避することが可能となるのです。

2.4　S&OP 運用のイメージ

毎月機能別組織の役員を集合させ，予算を修正し，中長期計画をローリングし続けることはどのような業務プロセスで可能となるのでしょうか。実際にS&OP を実践している企業を取材した結果から，S&OP 会議の4つのステップを例示してご紹介します。

登場人物は，A 社の①マーケティング，②営業（セールス），③SCM，④ファイナンス＋経営戦略（企画）の，4つのセクションの役員（ディレクター）とそれを支えるスタッフです。

S&OP 会議は5回に分けて行われます。毎月5日にマーケティング部門，10日に営業部門，15日に SCM 部門，20日に財務部門と経営戦略部門がそれぞれ主役になり，計画を見直し，最後に，25日に関係者全員と COO（最高執行責任者），CEO（最高経営責任者）が集まり確認，計画ローリングを行います。

マーケティング部門はおもに新製品の導入戦略の変更，営業部門は戦略変更にともなう販売計画を見直し，SCM 部門はマーケティング・販売部門の計画変更に可能な限り対応しつつ，現実に実現可能な複数の選択肢（オプション）を提案する役割を担っています。SCM 部門の提案は，経営戦略と財務部門によって評価されます。

以下では S&OP 会議の具体的なイメージを例として紹介したいと思います。
①マーケティング部門担当役員の戦略修正提案
まず5日にマーケティング担当役員が報告します。
「先月の会議ではまだ把握できていなかった新たな事実が判明しました。現在，わが X 社では12カ月後に新しい商品 α を市場に投入する予定です。

ところが競合のY社が10カ月後に類似の商品βをカナダ市場で発売するという情報が入手できました。まだ詳細な商品βの内容はわかりませんが，αの競合商品であることは間違いありません。

そこでマーケティング部門としては，B社の商品βに対抗するために，カナダ市場だけでも10カ月以内，もしくはそれよりもできるだけ早期に商品αを市場に投入したいのです。これができないと，競合他社にシェアを奪われ，新商品β発売後の販売活動が非常に厳しくなる危険性が高くなります」

マーケティング部門の戦略変更は，経営にとってきわめて重要です。このため10日には，このマーケティング部門の提案に基づいて，営業部門が販売計画を更新することになります。

②営業部門担当役員の戦略修正提案

10日に営業部長が報告します。

「5日の会議以降，マーケティング部門からY社の商品βについてレクチャーを受け，営業部門でもY社の動向を改めて調査しました。その結果Y社の新商品βはカナダだけでなく，アメリカ東海岸地域でも投入されるという比較的確度の高い情報を入手しました。このため営業部門としては，カナダと北米東海岸の両方の地域に対し，10カ月後，できれば8カ月後に商品αを市場投入したいと考えています」

③SCM担当役員の戦略オプションとその評価の提案

15日にSCM担当役員が報告します。

「現計画では，来月からメキシコの工場に本格的な生産ラインを新設し，商品αはここから北米全域に12カ月後に供給する予定でした。

しかし新製品を10カ月後にはカナダと北米東海岸に出荷しなければならない場合，現在のメキシコ工場での新設ラインでの対応では間に合いません。実は，メキシコの工場の立ち上げも若干難航している状況ですので，12カ月後の市場投入も突貫工事という状況にあり不安定な状況です。新商品αについては別のプランで対応することが必要との警告を今回提示しようと考えていた矢先でした。

まず，プランAはアメリカの工場で生産する案です。この場合は3年後に閉鎖予定のアメリカの工場で，商品αの生産に必要となる最新の工作機械を十数台設備投資する必要があります。この設備の調達にはある程度の期間が必要で，製造には現場でのプログラミング・ノウハウなどの学習も必要と

なりますが，間に合わせることは可能であると思います。この場合，予定外の設備投資20億円程度が必要になります。3年後に閉鎖予定だと発表をしていますので，優秀な工員が確保できるかどうかが懸念事項です。

　プランBは，日本の工場を活用します。日本の工場は少し旧式ですが，遊休設備と柔軟な対応ができる優れた人材がいます。品質管理レベルも高いので，日本の工場でカナダや北米東海岸の市場に対応していくことは十分可能です。現計画では生産能力にまだ空きがあるので10カ月で新製品を投入することはギリギリ可能です。しかしながら，プランBでは国際海上コンテナ輸送では間に合いません。エア（国際航空貨物輸送）を利用する必要があります。エアを利用する場合は，物流コストが高いため利益がほぼゼロになることをご容赦ください」

④経営戦略・財務担当役員の戦略オプション評価と戦略実行計画の意思決定

　20日，経営戦略・財務担当の役員はこう説明します。

　「SCM部門からの提案を総合的に評価しました。その結果，今回はプランBの，日本の工場で生産し，航空輸送を利用する案を採用することにしました。たしかに，SCM部門のシミュレーションどおり，当初の利益はほとんどゼロとなります。もちろん，メキシコの工場での本格的な投資により，βの発売後2カ月後に商品αを投入し，商品βを逆転するという販売戦略も検討しました。しかし，よく考えてみると現段階では，B社の新商品βについての情報は必ずしも十分ではありません。つまり，αがβに勝てるかどうかは，まだ一定の不確実性を前提とした判断となります。このため現段階で，新設を予定しているメキシコ工場において，商品αだけのために一定規模以上の新生産ラインの設備投資を行うという判断にはまだリスクが高いと判断しました。このため，引き続き競合他社B社の新商品βの詳細情報の調査を，マーケティング部門と営業部門に行っていただきたいと思います。

　また，閉鎖を考えているアメリカの工場での商品αの生産という選択肢は，商品αのことだけを考えれば魅力的ではありますが，今後の長期の大きな拠点投資の戦略からは外れた意思決定となります。現段階では，仮にαが一定以上の成功を収めても，長期的にみたアメリカの工場の閉鎖の意思決定は変わらないという判断をしています。

　このため，SCM部門には，メキシコの新設工場での新しい生産ラインの計画立案をお願いします。もし商品αがβよりも圧倒的に勝利した場合，で

きるだけ早く生産を日本の工場からメキシコ工場へ移管したいと思います。そのための準備をすぐ始めてください。ただし，最新鋭の工作機械などの大きな投資については，できれば段階的投資で商品 α と β との市場での優劣についての情報確度が上がってから行いたいと思います。たとえば，アメリカの工場の既存の設備も活用しながら，最小限の設備投資で新商品 α を量産できる方法の検討をお願いします。日本の工場とのノウハウ連携を図ることも検討してください。とくに，最初はボリュームがないため，利益率が小さくても構いません。また，この最低限の設備投資を本格的な投資の際に活かせるよう，以前に提案があった工作機械の汎用プログラムへの AI 活用の可能性やノウハウ連携のために有効な製造実行システム（Manufacturing Execution System: MES）の導入も，この機会に併せて検討してください」。

ここで MES とは製造の各プロセスを監視し，管理を自動化するソフトウェアのことを意味します。

S&OP 戦略検討会では，こうした案件を毎月数件同時並行で検討するようです。

2.5 「グローバル本社機能」の必要性

前節で説明したように，経営計画やグローバル・ネットワークの設計は，各地域本社に任せることはできない状況となってきました。なぜなら，地域本社では世界中に散らばる設備の全体像と個々の能力を明確には把握していないため，機動的かつ最適な判断を下すことが難しいからです。もはや，地域本社に権限を委譲し独立した運営を行う地域ヒエラルキー（階層構造）型でのグローバル・オペレーションは限界といえるでしょう。

地域横断，機能横断で競争上優位に立つための戦略を実行計画と密に連携させ，緻密で機敏な調整を行うダイナミックな「事業計画層の計画ローリング＋実行業務」が重要となります。

この機能が，本格的なグローバル本社の機能といってもよいでしょう。GSCM の考え方を企業経営に活かすには，こうした本格的なグローバル本社の機能整備が望まれています。

◆レビュー・クエスチョン
1　現行の経営計画と経営管理業務プロセスの構造的な問題を説明しなさい。
2　機敏で最適な意思決定を行い，実行していくためにはどのような業務プロセス
　で意思決定し，組織を運営していくことが効果的か，理由を含め説明しなさい。

〈引用・参考文献〉
Wallace, T. F. and R. A. Stahl ［2010］ *Sales & Operations Planning: The How-to Handbook*, 3rd ed., T. F. Wallace & Company.

第9章

GSCM の運用マネジメント

学習の目的

☐ GSCM の運用マネジメントの目的は、SCM と同様、サプライチェーン全体での生産性向上です。企業・組織間でのスループットを増やし、投資収益率（ROI）を高め、企業価値向上が目的であることを理解します。

☐ 企業価値向上に必要となる全体最適の考え方と、企業の各部門（営業販売部門、生産部門、調達部門など）や各取引先企業が利用すべき指標（KPI）を学びます。

☐ KPI が GSCM の運用マネジメントの現場でどのように使われているか、ケーススタディを通して学習します。

Keywords ———

ROI、パフォーマンス、KPI、企業価値、オペレーション、輸出入手続き、キャッシュ・コンバージョン・サイクル（CCC）、業界 EDI、NACCS

1 GSCM の運用マネジメントの目的と全体最適

1.1 部分最適に陥りやすいオペレーション（運用）の現場

グローバル・サプライチェーン・マネジメント（GSCM）の運用マネジメント（operation management）とは、経営層と現場が一体となって、サプライチェーン（SC）の全体最適をめざし、売上や粗利（粗利のことをサプライチェーン・マネジメント〔SCM〕ではスループットといいます）を最大化するための関係者全体の取り組みです。これによって、投資収益率（Return on Investment: ROI）を高め、関係者全体での付加価値向上をめざします。

現代の産業組織は、部門に分かれ、分業体制で活動します。大手企業では、異なる部門やグループ企業が役割を分担し、連携しながら、業務を進めていま

す。また，部門やグループ企業を超えて，特定の核となる企業を中心として，生産活動を多段階に分解し，工程を組み立て進められる例も一般的といえます。各企業は，決められた役割に特化し，その役割に徹することで効率を高め，結果として高い生産性につながると考えられています。しかしながら，現実には大多数の部門や企業は，全体としての効率性，つまり全体最適（全社最適）よりも自社（自部門）の役割に徹し，成果を上げることに集中するため，部分最適（自社最適，部門最適）に陥りがちです。それは各部門や会社にそれぞれ個別の目標があり，そのパフォーマンスを測るための指標があるためです。

　グローバル・サプライチェーン（GSC）では，関係者が国境を越えて取引します。そのため，空間的な距離だけでなく，言語の違い，制度の違い，商習慣の違いなどのギャップが大きくなり，情報共有や連携が難しくなります。たとえば，ある国に商品を供給するための別の国の生産機能が，ある国の売れ筋がピークを過ぎていても気がつかず，生産設備を休ませることなく稼働させ，次々と製造し続けてしまい，結果としてサプライチェーン全体では，不良在庫を抱えてしまうような場合があります。これは，生産部門のパフォーマンスを測る指標が，製品1個当たりの製造原価にあり（コストがどれだけ低くなったかで測られる），また生産設備稼働率がどれだけ高められたかにあるからです。しかし，売れ筋のピークを過ぎても高い稼働率で製造し続けることは，SCMの全体最適の考え方からはありえません。余剰在庫となって売れ残り，ついには損失につながるからです。

　逆に，営業（受注）活動を行う販売部門も生産部門の状況を理解しないまま，受注することが起こります。すでに，生産部門が能力を超えて稼働しているにもかかわらず，さらに受注を積み増そうと動いてしまいがちです。それは，営業部門のパフォーマンスを図る指標が，売上（受注額）にあるためです。とくに，国境を越えた営業部門と生産部門の連携は簡単ではありません。また，営業部門には，製品在庫を積み増してしまう傾向があります。売上を伸ばすには機会損失（顧客が来店したときに顧客が欲しいと思える商品が欠品している事態）を避けようとするためです。在庫を多くもてばもつほど，顧客が来たときに欠品になっている可能性は小さく安心です。しかし，これら在庫の大部分が売れ残ってしまう可能性もないわけではありません。財務会計上，すべての在庫はアセット（資産）に計上されますが，SCMの観点からは，売れる在庫であるかどうかが重要です。売れなくなった在庫はもはや損切の対象以外の何物でもあり

ません。つまり，SCM の視点では，売れる在庫はアセットとみなすことができますが，売れない在庫は費用にしかなりません。

　営業部門と製造部門，また販売している企業と生産している企業とが，国境を越えて国際的に取引している場合は，双方の情報ギャップは大きく，部分最適から脱却して全体最適をめざすという掛け声だけでは，国境を越えた空間的な隔たりを埋めることはできません。そこで，運用マネジメントを適切にするために，全社共有の目標（数値）に加え，部門あるいは企業独自の目標（数値）が必要になります。

1.2　グループ全体での最適化を可能とする Win-Win の関係性

　サプライチェーンにおける取引関係者がグループを超えた取引先である場合，共通の目標をもつことは大変難しいと思われます。たとえば，自動車産業を例にとると，全体最適の掛け声を発するのは，サプライチェーンの川下（最終消費者に近い）に位置し，完成品を製造する完成車メーカーです。自動車産業のサプライチェーンの中核的存在であり，サプライチェーンの頂点に立つ（全体最適をめざし，サプライチェーン全体に指令を出す）企業です。サプライチェーンの頂点に立つ企業は，その立場上，サプライヤーに在庫の肩代わりをするよう強要したり，コストアップを避けるため無理なリードタイムを要求したり，またときにはキャッシュフロー上有利な製品受け取り払いにするなどの要望を出すことができます。しかしながら，これでは，サプライチェーン上の頂点に立つ企業の単独最適（部分最適）になるだけです。このように特定のプレイヤーに不利益をしわ寄せする無理な取引関係は，長続きせず，持続可能性がありません。

　健全な SCM（経済的にも社会的にも，無理なく持続可能であることをここでは「健全」と表現しています）を実現するには，フェアな取引条件や企業関係が必要不可欠です。目標とする理想的な全体最適は，サプライチェーンの全参加者の利益が，環境変化に柔軟に対応しながらも最大化するように設計されており，またサプライチェーン全体の成果を関係者全体でフェアに分配する仕組みができていることです。SCM の成功例をみると，必ずといっていいほど，取引関係者全体が Win-Win の関係にあるという調査結果があることは注目に値します。

1.3 全体最適と KPI

企業のパフォーマンスを測る指標を，重要業績評価指標（Key Performance Indicator: KPI）と呼びます。

GSCM の運用マネジメントの目的は，サプライチェーンに参加している企業群・組織群全体でのスループットを増やし，投入費用（在庫そのものと在庫をつくり出すために要した費用）と業務費用（販売するために必要となった経費）を下げ，**企業価値**を向上させることにあります。したがって，全体最適をあらわす KPI として，使われるべきはサプライチェーン全体での投資収益率（ROI）であり，投下した資本（Investment）に対して，いかに高いリターン（Return：一定の期間の収益）を得るかにかかっています。これは，一般的な SCM で考える場合の KPI と同じです。GSCM においても全体最適を測る指標としての ROI は次のようにあらわされます。

$$\text{ROI} = \frac{\text{スループット} - \text{経常費用}}{\text{在庫}}$$

・スループット（粗利）＝売上－原材料費
・経常費用とは，在庫をスループットに変えるために必要なすべての費用
・在庫とは，販売するものを調達するためにかけたすべての金額（販売するものを手に入れるために投下したすべての金額）

国境を越えて調達・販売されているとしても，この指標を用いることによって，実際に**オペレーション**がどのぐらい効率化されたかを評価しなければなりません。逆にこの指標が向上しなければ，生産性や効率が向上したとはいえません。

GSCM において，サプライチェーンにおける組織間・企業間取引が国境を越えた貿易，つまり国際取引であるために，製品や部品，商品の移動や支払いに**輸出入手続き**や国際的な資金移動が発生します。また，国が異なれば，政治体制，制度，経済システム，商慣習などが異なり，さらに決済においても為替変動が加わるなど，コントロールが難しくなります。そこで，実際の GSCM のオペレーションでは，サプライチェーンの中核となる組織や企業がサプライチェーン全体をコントロールし，個々のサプライチェーン参加者はそれぞれ，個々のオペレーション KPI を採用し，サプライチェーン全体の ROI の向上を

めざしています。

2 個々のオペレーション KPI

2.1 支出－収入のキャッシュ回収期間

　SCM の基本は，サプライチェーンのなかのボトルネックを探し当て，その生産能力・処理能力を拡大し，スループットを増やすことです。サプライチェーンの全体最適を先導する立場にある中核的な組織・企業が，サプライチェーンに参加するそれぞれの組織や企業に対して要望を出し，その要望に応えるために，それぞれの組織や企業はどのような指標を採用し，どのようにオペレーションすべきか，各自で考えていくことになります。サプライチェーンのオペレーションで先行的に成功している現場で活用されている数値目標（KPI）には，それぞれ考え抜かれた目的達成への動機があり，こうした事例を紹介することは意味があると考えられます。そのいくつかをここでは取り上げ，解説します。

　すべての部門で対応すべき指標に，キャッシュフロー，支払い，回収のサイクルがあります。投入した資金が商品という形になり，付加価値分がプラスされ，それが顧客に渡り，キャッシュとなり，収入となって回収されるサイクルが早ければ早いほど，財務的には優れていることになります。つまり，材料や部品の仕入れの代金を支払ってから，その後，売上の代金を受領するまでの期間である**キャッシュ・コンバージョン・サイクル**（Cash Conversion Cycle: **CCC**）が短ければ，サプライチェーンが財務的に安定すると考えられます。投入した資金がいち早く売上（収入）となって戻ってくれば，ROI（という結果をチェックする指標）も迅速に計算することができます。では，CCC を短くするにはどうしたらいいでしょうか。

　そのためには，商品の納品サイクル，つまりリードタイムを短くすることが重要になります。リードタイムを短縮するためには，いくつかの方法がありますが，1 回に受注するボリューム（ロットといいます）をできるだけ小さくし，流れをスムーズにすることが重要です。ロットが小さくなれば，在庫も小さくなります。

　現場で使われている KPI としては，一定の期間における「キャッシュ回収期間＝調達支払回数－受注回収回数」があります。マイナスであれば，常に支

払いよりも早い時期にキャッシュが回収できていることになります。

2.2 注文完了比率

営業部門や販売会社のオペレーション・パフォーマンスを図るには，注文に対して，的確に対応し，間違いなく，迅速に完全処理できるかどうかをチェックする必要があります。顧客が何かに不満をもった場合，注文のキャンセル，返品という形で，注文対応が完了せず，結局は売買不成立となってしまいます。

注文がキャンセルされなかったにもかかわらず，売買の成立（品物の受け渡しと代金の回収まで）が不成立となるのは，顧客がその商品に満足できなかったためだと考えられます。たとえば，顧客の要望に合わせた日時に配送ができなかったり，配送先を間違えたり，届けるべき貨物を間違えたり，輸送中にダメージを与えてしまったり，書類記載事項を間違えていたりなどの不正確かつ信頼性を損なう行為がある場合などに生じると考えらます。もし仮にオンタイム・デリバリーできず，あるいは箱にダメージがあったりした場合，配送しなおし，商品の取り換えなど余分なコストが逆に発生します。とくにグローバルに貨物を配送する場合には，インボイス（請求書や納品書），パッキング・リスト，事前出荷通知書などの書類を完璧に作成しておかなければ，国境（税関）で止められてしまいかねません。これを測る KPI が注文完了比率で，次の式であらわされます。

$$注文完了比率 = \frac{注文総数 - 注文対応でミスが発した注文数}{注文総数}$$

この指標を裏づける関連指標として，オンタイム配送比率，輸送中無破損比率，正確な書類配送比率などがあり，これらの指標が悪い場合，結果として，注文完了比率を下げることになってしまいます。簡単な指標と思われがちですが，GSCM における営業・販売部門が参考にすべき，最も重要な指標のうちの１つです。

2.3 顧客の発注頻度とリードタイム

営業部門や販売会社が把握すべき指標として，顧客の発注頻度（間隔）があります。発注間隔はサプライチェーンのサービスレベル（顧客対応の迅速性，機敏性）と深く関係しています。実際に計測すべき指標としては，リードタイム，

つまり顧客が発注してから配送受取が完了するまでの日数，時間がどれぐらいであるかがあります。これらの情報が得られ，なおかつ現金の支出サイクルについて，発注から配送完了日，請求書発行日，未払金計上日などを調べ，なぜ長くなったり短くなったりしているのかを分析すると，CCCが長くなったり，短くなったりする要因を把握することができるようになります。KPIとしては，以下の2つの式を比較し，差があるのかどうかを調べることがあげられます。

顧客の発注間隔＝実際の配送完了日－発注日

定期発注間隔＝配送希望日－発注日

2.4 定価販売比率

定価販売比率は最も重要な指標の1つで，次の式であらわされます。

$$定価販売比率 = \frac{総個数 - 値引販売個数}{総個数}$$

値引が発生するのは，販売から時間が経ってしまい，すでに顧客のニーズを満たす付加価値が減少してしまっているからです。顧客のニーズにあわせタイムリーに商品を届けることができたのかどうか，定価販売比率でみることができます。

2.5 運賃正請求比率

物流部門や物流子会社が実際に運行している場合，コストを見える化することが重要です。他方，物流を外部委託している場合，依頼している物流会社に対して発行する請求額の間違いは意外に見過ごされがちです。その記録をとり，正しい請求書が発行され，請求されているかの比率を求めることが重要です。通常，過少運賃で請求した場合，そのままとなってしまうこともありますが，請求された運賃が過大である場合，必ず修正要求がきます。過少請求してしまい，回収できなくなったとすると，実際にかかった費用を回収できない可能性も生じます。

なお，正しい運賃を請求できた比率は，以下の式で求めることができます。

$$運賃正請求比率 = \frac{正しい運賃請求}{全請求}$$

2.6 売掛金回収日数

　顧客からどれくらい早く売掛金を回収できたかは，財務の健全性をみるうえで重要な指標であり，この指標が大きければ大きいほど，資金回収に時間がかかり，資金繰りが悪いことを示します。以下の式で求めることができます。

$$売掛金回収日数 = \frac{売掛金}{売上} \times 平均回収日数$$

2.7 在 庫 日 数

　何日分の在庫を抱えるかは大きな問題です。また，在庫責任を誰がもつかも重要です（営業部門がもつか，在庫管理担当をおくのか）。いずれにしても，機会損失をなくし，顧客が欲しいと思ったときに売り切れてしまっているようなことがないようにする必要がありますが，他方で売れ残ってしまい，欠損処理しなければならなくなることも避けなければなりません。

　在庫日数とは，商品を補充せずにあと何日在庫がもつかを測る指標ですが，SCM の指標としては，できるだけ少ない方がよいとされます。日々の在庫量を観察し，平均出荷量を把握することによって，以下の式で求めることができます。

$$在庫日数 = \frac{在庫量}{平均出荷量}$$

　その他の在庫に関する KPI には在庫回転率などがありますが，詳細は第 5 章を参照してください。

3　GSCM の運用マネジメントのケーススタディ

3.1　定価販売比率を指標としている NIKE

KPI を使ってサプライチェーンのパフォーマンスをどのように向上させてい

るのかについて，ケーススタディを通して説明します。

　NIKE では，サプライチェーン指標として，商品別の定価販売比率（Full Price Rate）を用いています。フットウェア産業の特徴の 1 つとして，ニューモデルが出ると旧モデルは売れるまで値下げを繰り返します。一方で，モデルの種類（色，型，機能）によっては，品切れになることもあり，この場合は機会損失が生じることになります。値下げによる損切販売や機会損失を避けるためには，モデルの種類ごとに売り切れ，売れ残りを細かくリアルタイムで把握する必要があります。

　そのため，日々，どれだけのモデルがどれだけ販売されたのか，すべての店舗の情報を集計し，情報収集していく必要があります。ところが，情報を収集するにあたって，いくつか問題があることがわかってきました。1 つは，モデルごとの店舗別の売上は，直営店においては販売時点管理（POS）ができる一方，小売業者に卸した場合，NIKE の管理下ではないことから，販売時点管理はできず，後日集計的に販売データが NIKE に伝えられることです（情報共有が遅れる）。また，小売業者に卸した場合，その流通チャネルは多段階にわたっており，さらに小売りから（下請けの）小売りへと複数のチャネルを通しているうちに，販売チャネルがみえなくなってしまい，販売時点管理データの捕捉が難しくなっているといいます。流通産業は他産業と同じように二重構造です。多数の中小零細事業者の存在や新規参入者もあり，チャネルの末端（個別の店舗）までの販売時点管理を行うのは困難です。

　こうした問題を解決するために，NIKE では 2 つの施策を実施しています。1 つは直営店を増やす政策です。直営店を増やすことで，小売りの現場の売上情報をリアルタイムで集約し，即時に吸い上げることができます。また，直営店は，顧客ニーズの把握に有利であり，自社が雇用するスタッフが直接顧客と接し，具体的にどのようなニーズをもっていたのかを把握することができます。この点で，販売店に委託したり，大手流通のチャネルで販売していたのでは拾い上げることができなかった顧客情報を集めることができるようになります。これによって，従来から実現したかった，顧客ニーズ（生の声）を商品開発にフィードバックすることが実現可能になります。もう 1 つの施策は，サプライチェーン・サイクルの調達・生産・販売の短サイクル化です。短サイクル化によって，商品の企画から製造，販売までのリードタイムが短くなり，在庫量も減り，CCC も向上させることができます。

表 9-1　ニトリホールディングスの主要経営効率の推移

効率項目	目　標	評　価	2019.2	2020.2	2021.2	2022.2	2023.3
売場販売効率（万円）	95 万円以上	○	103.4	105.5	113.8	101.9	114.1
商品回転率（回）	9 回以上	×	5.3	5.0	5.5	5.4	5.3
販売資産回転率（回）	2.9 回以上	○	3.6	3.4	3.6	3.4	3.4

注：サプライチェーン関係のみ抜粋。
出所：ニトリホールディングス IR 資料（2023 年 3 月期決算説明会，2023 年 5 月 9 日）より一部修正。

図 9-1　ニトリグループの事業機能とマーチャンダイジング・プロセス

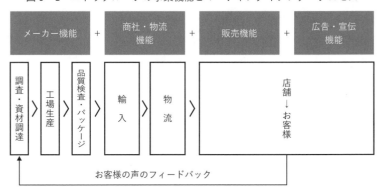

出所：ニトリホールディングス・ウェブサイト「ニトリグループについて：ビジネスモデル」（https://
www.nitorihd.co.jp/division/business_model.html）（2023 年 6 月 30 日アクセス）。

3.2　回転率を重視するニトリホールディングス

　ニトリホールディングスが発表している財務報告（IR 資料，投資家向けの決算説明書 2023 年 3 月）によると，22 の個別の経営指標（総資本経常利益率，総資本回転率や労働生産性など）を用い，株主に対して毎年の指標の達成度合いを説明し，目標とする数値を上回ったか，もしくは下回ったかで，達成度合いを示しています（表 9-1）。これらの指標のほとんどは，全社に適用され，各部門やグループ会社の数値が集計された KPI が発表されています。

　IR 資料によると，ニトリホールディングスは，「お，ねだん（お値段）以上」の価値を提供するニトリ独自のビジネスモデル「製造物流 IT 小売業」と紹介されています。さらに，「『住まいの豊かさ』を実現していくためには，誰もが気軽に買える価格設定と，高い品質・機能を両立させることが必要です。そこで，ニトリホールディングスは従来の『製造小売業』と呼ばれる事業モデルに，物流機能と IT をプラスし，商品の企画や原材料の調達から，製造・物流・販

売に至るまでの一連の過程を，中間コストを極力削減しながらグループ全体でプロデュースする新たなビジネスモデル『製造物流IT小売業』を確立しています」と紹介されています。

　自らマーケット・ニーズをとらえ，商品企画に反映し，そして製造，物流，IT，小売りまで直営で実現するビジネスモデルは企業の成長を支える原動力になっています。商品企画は日本で行いますが，商品（製品）の製造は海外で行い，全量輸入している点で，GSCを実現するオペレーションのベスト・プラクティスといえます（図9-1）。

4　運用マネジメントの進め方と認識すべき課題

4.1　運用マネジメントの課題

　GSCMの推進には，調達，生産，営業，契約，カテゴリー・マネジメント，マーケティング，ロジスティクスなどの専門的な知識と能力をもった人材を集結したSCMを担当する組織が必要です。また，取引先がグループ外に及ぶ場合，GSCMの中核となり，司令塔となる企業の存在が必要不可欠です。しかしながら，大手企業で，グローバルにサプライチェーンを展開している企業であっても，GSCMの司令塔となり，全体最適を実現できている例は数えられるほどであると考えられます。それは，企業が大きくなればなるほど組織が細分化され，また，取引規模が大きくなればなるほど，分業によって関係する企業数が増えて，結果としてサプライチェーンが分断されてしまうためです。

　大企業におけるグループ経営も，サプライチェーンが必要とする情報共有と協調という考え方と反対の力が働きます。それぞれの部門やグループ企業が独自の判断基準や意思決定権をもつようになり，それぞれが個別の利益を追求するようになるためです。そもそも，部門の独立採算制やグループ会社の自立化の目的は，経営効率の向上であり，部門やグループ会社は，責任と権限の範囲で一定の成果（つまり，売上と利益）を上げなければなりません。何もしなければ，SCMの目的である全体最適とは反対の部分最適（個別最適）に陥る力が働き，一見業績が上がり，経営効率が向上しているようにみえたとしても，一時的な現象として終わる可能性があります。

4.2　社内での GSCM の運用マネジメント

　一般的な SCM の運用マネジメント手法は，業務手順分析，ボトルネック分析，ボトルネック改善（スループットの拡大の確認）を実施し，その一連の結果を踏まえて，再度，業務手順分析に戻り，同じループを繰り返します。そして，業務手順に無駄がなく，最適であると判断できたならば，次に情報システムの見直し・導入を行います。GSCM では，取引先はグローバルに広がり，国境を越えるやりとりが必要ですので，情報共有や協調が難しくなると考えられます。ここで重要となるのが，標準化された業務手順です。標準業務手順があれば，同じマニュアルを使いながら，取引先の企業・部門へとサプライチェーンを拡大していくことが可能です。

　1つの企業に SCM のオペレーションをマネジメント手法として導入する場合，購買，販売，商品カテゴリー管理，顧客管理，契約管理を一元管理し，経営戦略と連携させることが必要となります。つまり，全社ビジョン，中期経営計画など企業がめざしている方向に合わせ，全社 KPI をおき（どの程度の ROI をめざすかなど），各部門にはその特性に応じた KPI を考えて，設定してもらうことが重要です。その際，各部門の KPI と全社 KPI とが整合的に正の関係にあることが重要です。もし正の関係にない場合，たとえば，リードタイムや適正在庫量などで部門間の意見が食い違う場合は，全社 SCM の担当部門の判断を仰ぐか，誰が責任を負うか明らかにしたうえで，各部門の KPI を決めていくことになります。全社にわたる問題であることから，経営トップの判断とトップダウンでの戦略の実行が必要不可欠です。

4.3　社外や取引先の GSCM の運用マネジメントに重要な業界 EDI

　基本的に，社内の運用マネジメント組織（部門や部）が他社との連携を担います。連携にはルールが必要です。関係各社のビジネス・プロセスを標準化し，同じシステムを使い，プロトコル（約束事，決まり）も同じで情報連携が容易になるような仕組みが理想ですが，競争関係にある関係者とも取引する必要もあり，すべての情報共有は現実的ではありません。ビジネスの中身，商業的な契約や取引の問題など，秘密情報は除き，あくまで標準化した業務手順や業界共通で利用するコードなど（企業名・企業番号，住所地の記載フォーマット，品目番号など）を共通で利用できるようにすることが重要です。そのために必要となるのが，**業界 EDI**（Electronic Data Interchange）です。業界 EDI は，業界内での

ネットワークを通じた電子交換ルールのフォーマットや適用する業務手順など
を明文化したものです。

　業界 EDI を具体的にまとめた報告書として，一般財団法人日本情報処理開
発協会が 2011 年 3 月に発刊した「業界標準 EDI の現状と動向」があります。
業界内で必要な電子交換ルールについて，次のようにまとめています。

　①企業間で合意した事業目的を遂行する手順（プロセス）と，企業間で交換
　　する業務文書フォーマットを決める。

　②企業間取引業務に関連する文書を構成するすべての情報項目（コード類等
　　データ項目）を定義する。

　③情報項目をコンピュータで処理可能な構文規則によって表記する。

　④利用する通信ネットワーク（電子メール，クラウドでの情報共有）とそのプロ
　　トコル（コンピュータ上の決められた手順や規則）を取り決める。

　⑤企業間で合意した手順に基づく情報交換の順序とタイミングに従い，企業
　　間で取り決めた信頼性とセキュリティ・レベルに従ってデータ交換を実施
　　する。

　このような考え方で業界 EDI を構築し利用していけば，各社それぞれが大
きなシステム投資を行わなくても，業界内で電子的情報交換が可能となり，企
業間でのサプライチェーン情報の共有も容易になります。

　さらにもう 1 つ，企業間での情報共有を行うための方法として，情報連携基
盤（情報プラットフォーム）の活用があります。その 1 つとして，**NACCS**（輸出
入・港湾関連情報処理システム）があります。NACCS とは，貿易関連の行政手
続きと民間業務をオンラインで処理するシステムです。税関，通関業者，倉庫
業者，航空会社，船会社，金融機関などがこのシステムを利用して，輸出入申
告，関税納付，入出港手続きなどを行っています。また，輸出入手続きに関係
する厚生労働省，農林水産省，経済産業省，国土交通省，法務省などの各種シ
ステムとのオンライン接続も行っており，おもに民間企業から諸官庁の輸出入
にかかわる手続きに関して 1 つの画面ですべての手続きが可能となる，シング
ル・ウィンドウ（輸出入・港湾関連手続きを一元化し，単一の窓口で行うこと）を実
現しています。

　しかし，海外との取引には，輸出入者（民間企業）同士の情報連携，情報共
有が必要です。グローバル・サプライチェーン（GSC）が重要となるなか，企
業間でグローバルに情報共有ができるプラットフォームへの期待が高まってい

ます。こうしたニーズに対応し，2017 年にサプライチェーンに関わる日本の 13 社のコンソーシアム（共同事業体）によってブロックチェーン技術を活用した貿易情報連携プラットフォーム TradeWaltz が設立され，運用を開始しました。TradeWaltz はその目標として「ブロックチェーン技術を活用することにより，貿易にかかわるプレイヤーの間で一気通貫の情報共有ができる貿易プラットフォーム「TradeWaltz®」を構築し，貿易文書の電子化にとどまらない新たな価値をユーザへ提供します」を掲げています。2023 年 5 月にスイス・ジュネーブの国連本部において，日本からの提案として国連の考え方をベースとした貿易金融プロジェクトを発表し世界標準をめざすなど，模範となる存在です。今後の動向が注目されます。

◆レビュー・クエスチョン
1 運用マネジメントはなぜ必要とされるのでしょうか。運用マネジメントの役割を要約して記述し，その必要性について述べなさい。
2 運用マネジメントに使われる KPI について，企業内で利用する場合と企業外との取引で利用する場合とに分けて，それぞれ要約しなさい。
3 業界標準 EDI が必要とされている理由をまとめなさい。

〈引用・参考文献〉

日本情報処理開発協会［2011］「業界標準 EDI——現状と動向」日本情報処理開発協会
Goldratt, E. M. and J. Cox［2004］*The Goal: A Process of Ongoing Improvement,* 3rd ed., Gower.

第III部

GSCM の現代的課題

第 10 章
GSCM の強靭化

学習の目的
- ☐ 安全・安心な GSCM に向けた取り組みとしてリスク・マネジメントを学びます。
- ☐ GSCM の強靭化に向けた事業継続計画（Business Continuity Plan: BCP）について学習します。
- ☐ 経済安全保障の推進に向けた GSCM の強靭化への取り組みを概観します。

Keywords ——
　自然災害，リスク・マネジメント，事業継続計画（BCP），強靭化，経済安全保障

1　GSCM のリスク・マネジメント

1.1　災害によるサプライチェーンへの影響

　日本は世界的にみても**自然災害**の多い国であり，自然災害によるサプライチェーン（SC）への影響は大きいといえます。その結果，被災地域に生産拠点がある産業において，被災地域の産業のみならず，サプライチェーン全体にその影響が波及します。そのため，自社と直接取引のある 1 次サプライヤーにとどまらず，その中間財を供給するさらに上流にあるサプライヤーについても，サプライチェーンの把握および改善のための取り組みを行うことが期待されています。

　自然災害は，国内にとどまらず，世界的に影響を及ぼすことがあります。たとえば，新型コロナウイルス感染症は，2019 年末頃に中国で最初の症例が確認されて以降，世界中で連鎖的に感染が拡大しました。感染症対策のために人やモノの交流が制限された結果，国内企業や海外展開する企業などが直接的に

操業停止などの影響を受けただけでなく，グローバルに広がるサプライチェーンを伝って，サプライヤーや消費者も間接的に新型コロナウイルス感染症の影響を受けました。このように，サプライチェーンにおける商品調達等の遅延や途絶が起こり，世界経済は急速に減速しました。さらに，感染拡大の影響が複数年にわたり継続したことから，度重なる感染拡大に備えた中長期的な対策が必要となっています。世界的にも地震・洪水などの自然災害とともに，新型コロナウイルスなどの影響でグローバルな規模でサプライチェーン運用に影響を与えるリスクが顕在化しており，サプライチェーンの維持に向け強靱化することが課題となっています。

1.2　サプライチェーンとリスク

サプライチェーンでは，商品の企画・開発から，原材料や部品などの調達，生産，在庫管理，配送，販売，消費までのプロセス全体を対象とします。さらにグローバル・サプライチェーン（GSC）では，サプライチェーンは経済活動のグローバル化にともない，国境を越えて構築され，複雑化しています。サプライチェーンを構築する企業間の関係は，中間財を供給するサプライヤーと最終財を扱う企業の関係のように，サプライチェーンの上流から下流の「垂直的な関係」がみられます。また，製品や技術の共同開発や他社への生産委託のように，同業の企業間における「水平的な関係」もみられます。

サプライチェーンが影響を受けうる代表的なリスクは，表10-1のように分類することができます。そして，サプライチェーンにおける個々のリスク要因を，影響範囲と期間の関係性からマッピングすると，図10-1のようにあらわされます。図10-1では，リスク要因の影響範囲として，個別企業，国・地域，グローバルの3つのレベルに分類しています。そして，リスクの期間として，短期的（直近），中期的（5～10年以内），長期的（30年以内）の3つのレベルに分類しています。たとえば，リスク要因として，気候変動はグローバルかつ長期的な影響を及ぼすのに対して，サイバー攻撃は個別企業を対象に短期的な対応が必要となります。このように，企業はサプライチェーンにおける多様なリスクについて，影響範囲と期間の関係性から適切な対応を検討する必要があるため，リスク管理の複雑性はいっそう高まっています。これらのリスクは，これから説明するリスク・マネジメントに基づき，発生の予測可能性や発生確率，発生した場合の影響度，統制や管理のしやすさ，などの観点から分類されます。

表 10 – 1　サプライチェーンが影響を受けうる代表的なリスク

分　類	リスク要因
環境的リスク	自然災害，パンデミック，気候変動など
地政学的リスク	テロ攻撃，政治的な不安，保護主義など
経済的リスク	経済危機，為替変動，エネルギー高騰など
技術的リスク	サイバー攻撃，システム障害など

出所：経済産業省［2021］をもとに筆者作成。

図 10 – 1　サプライチェーンにおけるリスク要因

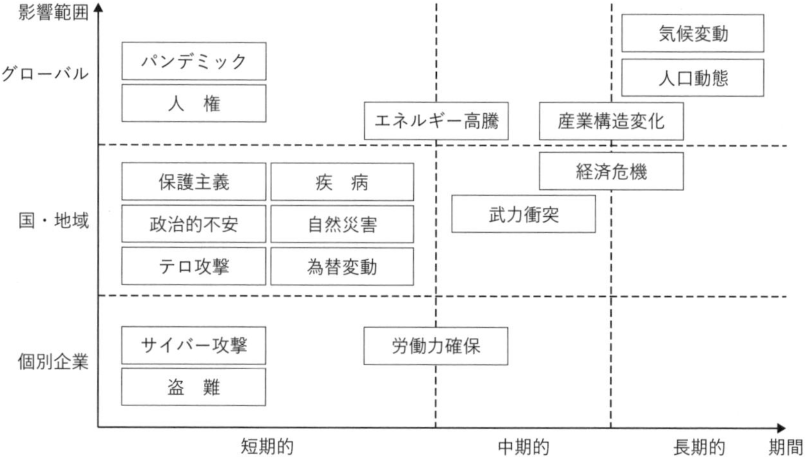

出所：ボストン・コンサルティング・グループ［2021］をもとに筆者作成。

2　サプライチェーンにおけるリスク・マネジメント

2.1　リスク・マネジメント

　リスク・マネジメントにおける国際標準規格として，国際標準化機構（International Organization for Standardization: ISO）により ISO31000（リスク・マネジメント—原則および指針）が 2009 年に発行されました。これは，企業など，組織のリスクに焦点を絞り，組織経営のための取り組みプロセスを明確化することで，今後の組織全体のリスク・マネジメントを推進させる有用な指針となっています。そのなかで，リスクとは「目的に対する不確かさの影響」と定義され

ています。つまり，リスクの本質は不確かさにあり，リスクの定義にはプラスもマイナスもない中立的な概念とされていることが特徴です。そして，**リスク・マネジメント**は「リスクについて，組織を指揮統制するための調整された活動」と定義されています。リスクの語源は riscare（イタリア語）や rhiza（ギリシャ語）といわれており，「断崖をぬって船を操る」ことを意味しています。リスクが存在しない社会においては，行為と結果が一意に決まることから，不確かさはありません。一方，リスクが存在する社会においては，1つの行為に対して複数個の結果が対応することから，リスクや不確かさの程度を減らすための知識と情報が重要となります。

2.2　GSCM におけるリスク・マネジメント

リスク・マネジメントは，図10‐2のような5つの手順で行われます。まず，「①組織の状況の確定」において，サプライチェーン全体に関するリスク・マネジメントの進め方や目標について，全社的なコンセンサスをとります。そのうえで，対象としているサプライチェーンの各種資源（サプライヤー，物流施設，物流インフラなど）と，そこで扱われているモノ，サービス，情報などの流れを可視化します。また，サプライヤーのなかで特定の企業や地域に集中／分散している状況を調査したり，調達品のなかで代替品や同等品の入手の可否を調査したり，共通化や規格化の程度を調査することも重要です。

続いて「②リスク・アセスメント」では，①を踏まえて，サプライチェーンにおけるリスクの特定，分析，評価の3つの手順で，必要な対策の具体化と実施・管理方法を検討します。まず「リスク特定」では，リスク戦略を検討し，組織に影響を与えるリスクの洗い出しを行います。続いて「リスク分析」では，特定されたリスクの発生確率・発生可能性の高低とともに，リスク要因による影響度の大小によって，図10‐3のようなリスク・マップを作成します。「リスク評価」では，リスク・マップをもとにして発生確率と影響の程度からどのリスクが深刻であるかを評価し，リスク対応の優先順位づけを行います。

そして「③リスク対応」では，図10‐3のなかのAからDまでの4つの象限のそれぞれに対して，リスク対応の分類に応じた対策を検討します。

A　発生確率は低いが，影響度が大きいリスク：「リスク軽減」として，代替調達先の確保，**事業継続計画**（Business Continuity Planning: BCP）の策定を行います。

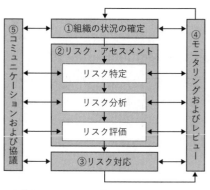

図 10‑2　リスク・マネジメントのプロセス

①組織の状況の確定

②リスク・アセスメント

リスク特定

リスク分析

リスク評価

③リスク対応

⑤コミュニケーションおよび協議

④モニタリングおよびレビュー

出所：ISO31000 をもとに筆者作成。

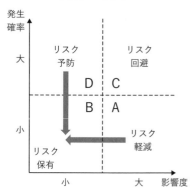

図 10‑3　サプライチェーンにおける
　　　　　リスク・マップ

発生確率

大

小

リスク予防

リスク回避

D　C

B　A

リスク軽減

リスク保有

小　　　　　大　　影響度

出所：東京海上日動リスクコンサルティング（株）
編［2018］，平田・松田・渡部［2022］をもとに
筆者作成。

B　発生確率が低く，影響度も小さいリスク：「リスク保有」として，日常
　　管理の強化，発生時点での危機対応力の向上を図ります。

C　発生確率が高く，影響度も大きいリスク：「リスク回避」として，サプ
　　ライチェーンの見直しや製品の設計変更を行います。

D　発生確率が高く，影響度が小さいリスク：「リスク予防」として，日常
　　的なサプライヤー管理の強化，リスク顕在化時の対応にともなうコスト削
　　減の取り組みを行います。

「④モニタリングおよびレビュー」では，モニタリングとしてリスクの監視
や異常の検知を行うことで，影響がサプライチェーン全体に波及する前に食い
止めることが重要になります。また，レビューとして必要に応じて対策を調整
し，新たなリスクがあらわれた場合に対策を追加します。そして，これまでの
①から④までの一連の作業のサイクルを繰り返していくことで，リスク・マネ
ジメントが改善されることが期待されます。

さらに，「⑤コミュニケーションおよび協議」では，リスクに対する意識や
理解の促進，意思決定を裏づけるためのフィードバックおよび情報の入手を行
うためのコミュニケーションおよび協議の機会を，リスク・マネジメントの①
から③までの作業で設けることを求めています。

2.3 事業継続計画

事業継続計画（BCP）では，災害などの危機的事象による被害が発生しても重要業務を最低限維持できるよう，危機的事象の発生後に行う具体的な対応（対応計画）と平時に行うマネジメント活動（マネジメント計画）などを策定します。事業継続に対する潜在的な脅威としては，地震・洪水・台風などの自然災害をはじめ，システムトラブル，感染症の流行，停電，火災などのリスクがあげられます。

BCP策定にあたっては，危機的事象の影響を受けた際に業務にどのような影響が及ぶかを評価する事業影響度分析（Business Impact Analysis：BIA）を行います。事業影響度分析ではまず，影響度の大きいリスクに対して，重要業務が受ける被害の想定を行います。そのうえで，継続すべき重要業務とその目標復旧時間を決定し，ボトルネックの抽出と対策の検討を行うことになります。図10-4はBCPの有無による復旧曲線をあらわしており，その形状からバスタブ曲線とも呼ばれています。BCPが整備されていない場合は，発災にともない業務を行う機能がゼロとなり，復旧に非常に時間がかかります。しかし，BCPを整備することで，①重要業務を中心に早期に機能を復旧し，②災害発生後も重要業務は最低限継続することが可能となっています。

安全で強靱なサプライチェーンを構築するためのBCPの策定に向けて，おもに自然災害を対象としたガイドラインが国土交通省により発行されています。災害時においては，緊急物資輸送など社会から求められる物流機能を担いつつ，通常業務の継続・早期復旧を図り，荷主のサプライチェーンを維持する必要があります。そのため，荷主や物流事業者単独の取り組みだけでなく，荷主と物流事業者が連携し，物流の回復の遅れの原因となる脆弱箇所の整理などを行い，互いに連携して対策を立てる必要があります。荷主と物流事業者の連携においては，発荷主のみならず，物流に大きな影響力をもつ着荷主を連携対象とし，併せて物流事業者の元請・下請の関係も対象とすることが重要です。また，近年災害が激甚化・頻発化する一方，ある程度予見可能である大雪や大雨などの風水害に対しては，予見後・災害発生前に適切な対策を講じることで，物流への影響を最小限に食い止めることに重点がおかれています。同ガイドラインでは事業継続への取り組みとして，BCPの策定促進，連携事項の把握とBCPなどへの反映，訓練による実践力の向上を通して，継続的にBCPの内容の検証・見直しを行っていくことがあげられています。荷主と物流事業者が連携し

図 10 – 4　BCP 作成による復旧曲線への効果

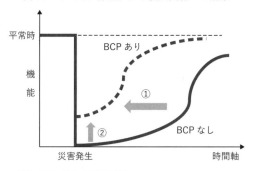

出所：平田・松田・渡部［2022］。

て取り組むべき重点項目として，①災害時連絡体制の構築と災害予見時の連絡・協議の実施，②気象情報・災害予測情報，交通機関の計画運休情報などの共有，③災害時優先業務の合意・実施，④予見可能な災害に対する輸送の事前中止と対応策の検討，⑤代替輸送手段の確保，燃料確保対策，代替施設の確保，⑥協定・覚書の締結，マニュアルなどの共有，⑦共同訓練の実施，マニュアルなどの見直しがあげられています。

3　経済安全保障の推進に向けたサプライチェーンの強靭化

3.1　強靭化の必要性

　人々や組織がストレスや困難，変化に適応し，回復力をもつ能力のことを強靱性（レジリエンス）と呼びます。より具体的には，外部環境要因による被害から迅速に回復し，大きな外力に可能な限り耐え忍び，被害を最小化する能力のことを意味します。たとえば，災害における強靱性とは，地震や風水害などの災害による被害を最小限に抑え，早期の復旧に向けた回復力をもち，平時の経済活動や生活への再建に向けた取り組みを行う能力のことをさします。そのため，強靱な組織は，災害に備えて計画を策定し，緊急事態に迅速かつ適切な対応を行うための訓練を行います。

　そして，サプライチェーンの強靭化とは，自然災害，テロ事件，政治的な不安定，パンデミックなどのような予期せぬ事態に直面したときに，サプライチェーンの継続性と安定性を維持するために，事前にとっておく対策をさします。近年では安全保障の対象範囲が経済・技術分野に急速に拡大していることから，

企業にとって表10-1であげたような地政学的リスクや政府の**経済安全保障**に関する政策の動向を踏まえて，サプライチェーンの強靱化を検討することが重要となっています。

地政学的リスクの高まりは，次のような点でサプライチェーンに深刻な影響を与えます。まず，交通インフラや物流拠点，工場が被害を受け，その影響によりサプライチェーンの遅延が発生し，製品の納期が遅れる可能性があります。次に，政府による貿易制限や懲罰的関税，為替相場の変動などにともない，製品の原材料価格や輸送コストが上昇する可能性があります。そして，企業が代替材料を探し，新しいサプライヤーをみつけることが必要になることから，製品の品質に問題が生じる可能性があります。さらに，1つの企業やサプライヤーの問題が他の企業やサプライヤーにも波及し，サプライチェーン全体におけるリスクの拡大が生じる可能性があります。

3.2 サプライチェーンの強靱化に向けた方向性

近年，サプライチェーンの強靱化に向けた取り組みとして，生産拠点の立地選択の重要性がますます高まっており，生産拠点の立地の傾向は図10-5のように変化してきています。これまで，経済のグローバル化にともない，コスト競争力を高めるために企業は海外進出を進め，海外における生産や業務委託をするオフショアリングを進めてきました。しかし，近年では，現地の労働力や生産環境，政治情勢などによるリスクが高まってきたことや近年の円安傾向から，企業が海外に委託していた業務を国内に戻すリショアリングとともに，地理的により近い近隣国に事業を移転するニアショアリングが進められています。さらに，経済安全保障の観点から，同盟国や友好国など近しい関係にある国に限定したサプライチェーンを構築するフレンド・ショアリングも進められています。このように，安定的な製品供給に向けた生産拠点の立地について，海外移転した生産拠点の国内回帰も含めた国内における生産拠点の整備とともに，海外における生産拠点の多元化が進められています。

そして，サプライチェーンの強靱化が必要となる重要品目が注目を浴びています。重要品目として，生産拠点の集中度が高くサプライチェーンの途絶リスクが大きい品目や，国民生活において欠かせない品目が対象となります。なかでも，デジタル社会を支える重要基盤である半導体は，情報通信や自動車，医療機器などのさまざまな分野で活用され，安全保障にも直結する重要な戦略物

図 10–5：サプライチェーンの強靱化に向けた生産拠点の立地の変化

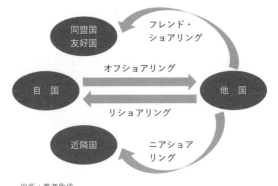

出所：筆者作成。

表 10–2　サプライチェーンの強靱化に向けた取り組み

大分類	方向性
可視性（Visibility）	① サプライチェーンの可視化
	② サプライチェーン計画の高度化
機敏性（Agility）	③ サプライチェーン実行力の強化
	④ 利害関係者との連携
柔軟性（Flexibility）	⑤ 戦略的冗長性の確保

出所：ボストン・コンサルティング・グループ［2021］をもとに筆者作成。

資・技術です。そこで，世界各国で半導体産業に対する振興政策が立案され，自国における半導体の生産基盤の強化が進められています。さらに，重要品目である石油や天然ガスなどのエネルギー資源は，一部の国に供給を依存しているうえに，地政学的リスクや気候変動によってサプライチェーンへの影響が今後ますます大きくなる可能性があります。とくに，2022 年のロシアによるウクライナ侵攻により，ロシアからの輸入依存度が高いエネルギー資源について，欧州を中心に経済安全保障の観点から重要物資の国内での供給体制整備や供給源の多様化などの取り組みが進められてきました。

　サプライチェーンの強靱化には，デジタルも活用しつつ，表 10–2 のように可視性，機敏性，柔軟性の 3 つの観点からの 5 つのポイントについて強化が必要になります。

　①サプライチェーンの可視化

　サプライチェーンの上流から下流までが連携し，統合した情報をシステム上

で可視化することで，データに基づいた定量的な意思決定を実現します。そのために，サプライヤーを含めた自社のサプライチェーンの全体像を把握します。その際，サプライチェーンに関するデータ収集として，自社とサプライヤーが，在庫や制約条件などのデータをどこまで把握できているかが重要になります。

②サプライチェーン計画の高度化

AI（人工知能）・ビッグデータを活用しつつ，需要予測・計画・意思決定の高度化を実現します。そのために，まず，予測・計画策定として，データに基づいたサプライチェーン計画および予測を行います。そして，全社視点のガバナンス・意思決定として，部門を越えた，全社視点でのサプライチェーン管理・意思決定を行います（需要予測については第6章を参照）。

③サプライチェーン実行力の強化

モノとオペレーションの両面からよりシンプルで強靱なサプライチェーンを実現します。そのために，まず，製品の設計や製造などのエンジニアリングに関するプロセスと，調達や在庫管理などのサプライチェーンに関するプロセスが接続され，最適化されているかが重要になります。そして，急な需要変動に対して，オペレーション上で対応・追随できることが求められます（業務の柔軟性）。さらに，オペレーションを複数拠点や担当者間で柔軟に展開することができるかがポイントになります（業務の展開可能性）。

④利害関係者との連携

サプライチェーンにおける利害関係者（サプライヤー，物流事業者，販売店など）の関係性を強化することで，データやオペレーションを密接に連携することを実現します。

⑤戦略的冗長性の確保

各業態の特性を踏まえたうえで，サプライチェーンの多様化を進めるとともに，オペレーション上にサプライチェーンの途絶に備えた予備や余裕となる部分（バッファ）を組み込むことで，冗長性の確保を実現します。そのために，1つの部品に対して複数のサプライヤーから調達すること（調達の冗長性），生産拠点の分散化がされていること（生産の冗長性），全社視点で安全在庫の基準が明確化され最適化されていること（安全在庫の保持）が重要となります（安全在庫については第5章を参照）。

■■■ Column3　災害によるサプライチェーン途絶からの回復 ■■■ ///

　2011年3月11日に発生した東日本大震災では，東北地方を中心にした地震による被害だけでなく，太平洋沿岸部での津波による被害，原子力発電所の事故による被害をもたらしました。その結果，東日本大震災によるサプライチェーン途絶が多くの企業でみられました。トヨタ自動車株式会社をケーススタディとして，自動車メーカーの災害によるサプライチェーン途絶からの回復について紹介します。

　被災地である岩手県と宮城県にあるトヨタの生産拠点の被害は，比較的軽微にすみました。しかし，サプライヤーの被災状況の調査の結果，2次以降のサプライヤーを含む仕入先の被災状況は659拠点となり，被害が甚大かつ広域に及ぶことが明らかになりました。とくに，茨城県にある半導体メーカーの工場被災により，部品として半導体を調達することができないことが大きなボトルネックとなりました。そこで自動車業界が一丸となっての支援という機敏性を発揮することで，9月とみられていた生産の一部再開を6月に前倒しすることができました。このような被災した工場の復旧のみならず，代替生産および代替部品の開発などの対策により冗長性を高めることで，7月に入るとまず国内工場が正常レベルに復帰し，9月中には海外を含む全生産拠点がほぼ完全正常化と判断してよいレベルに戻りました。

　こうした状況を，図のような完成車メーカーA社（トヨタ）におけるサプライチェーンをもとに簡単な例を用いて説明します。震災によりA社の被害は軽微であったにもかかわらず，長期間にわたりサプライチェーンの途絶が発生したことになります。原因として，2次サプライヤーである半導体メーカーC社において，自社の工場が被災したため部品を供給できなくなり，その影響は納入先である電子部品メーカーの1次サプライヤーB社のみならず，その先の完成車メーカーA社へと連鎖的に広がったことになります。このようにサプライヤーの裾野の広い自動車産業においては，各サプライヤーの生産状況の把握などサプライチェーンの可視性を高めることが重要であるといえます。

図　自動車におけるサプライチェーン

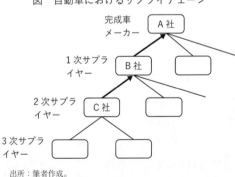

出所：筆者作成。

◆レビュー・クエスチョン
1 災害発生時において，自社が被災していないにもかかわらず，サプライチェーンの途絶が発生する理由について説明しなさい。
2 サプライチェーンの具体的なリスクとして，地震（発生確率が低いが，影響度が大きいリスク）を例にとり，図10-3にマッピングし，そのリスク対応について説明しなさい。
3 事業継続計画（BCP）において，計画よりも早期に機能を復旧した場合の復旧曲線を図10-4のなかに記入しなさい。
4 サプライチェーンの強靱化が必要となる重要品目を1つあげたうえで，強靱化に向けてどのような対策がなされているのか具体的に説明しなさい。

〈引用・参考文献〉
経済産業省［2021］『通商白書2021』（https://www.meti.go.jp/report/tsuhaku2021/index.html）
国土交通省［2023］「多様な災害に対応したBCP策定ガイドライン──荷主・物流事業者の連携による安全で強靱な物流の実現に向けて」
東京海上日動リスクコンサルティング（株）編［2018］『実践 事業継続マネジメント（第4版）』同文舘出版
トヨタ自動車株式会社「トヨタ自動車75年史」第3部第5章第5節第1項「東日本大震災の発生」（https://www.toyota.co.jp/jpn/company/history/75years/text/leaping_forward_as_a_global_corporation/chapter5/section5/item1.html）
平田燕奈・松田琢磨・渡部大輔［2022］『新国際物流論──基礎からDXまで』晃洋書房
ボストン・コンサルティング・グループ［2021］「令和2年度内外一体の経済成長戦略構築にかかる国際経済調査事業（アジア大でのサプライチェーン強靱化に向けた調査）事業報告書」経済産業省

第11章

GSCM と SDGs

学習の目的
- □ サプライチェーン全体における，持続可能な社会に向けた企業の近年の取り組みを学びます。
- □ サプライチェーンと国連による持続可能な開発目標（SDGs）との関連性を概観します。
- □ 人権侵害や強制労働などの問題を中心としたサプライチェーンに求められる価値観の広がりに対応した，企業による先進的な取り組みについて考察します。

Keywords ———
　企業の社会的責任（CSR），ESG投資，エシカル消費，フェアトレード，持続可能性，人権問題，SDGs，調達先

1　持続可能な社会への取り組み

1.1　企業の社会的責任

　1990年代以降，地球温暖化をはじめとした環境問題への取り組みが企業に求められるようになり，**企業の社会的責任**（Corporate Social Responsibility: **CSR**）という用語が広く使われるようになりました。そして，表11-1のように，はじめは地球環境問題への意識のみだったものが，経営や企業統治，そしてSDGs（後述）へ拡大しており，サプライチェーン（SC）に求められる価値の広がりがみられるようになりました。このように，企業が競争力や経済性の向上を追求しつつ社会的な課題解決に取り組むために必要な考え方が定着してきました。たとえば，温室効果ガスや廃棄物の削減などの環境への取り組み，従業員に配慮した労働環境の改善への取り組みなどがあげられます。これらの取り

表 11-1　企業の社会的責任に関する企業の意識と取り組みの変化

年　代	項　目	具体的な取り組み
1990 年代	企業の環境意識	環境憲章，環境マネジメントシステム，環境報告書
2000 年代	CSR の浸透	CSR 憲章，CSR マネジメント，CSR 報告書（＋環境報告書）
2010 年代	ESG の浸透	ESG 投資，コーポレート・ガバナンス（企業統治）サステナビリティ報告書
2015 年〜	パラダイム・シフト	SDGs への対応

出所：環境省［2020］。

組みは短期的には売上の増加に直接結びつかないものの，中長期的には企業価値の向上につながることが期待されています。

　そして近年では，企業のグローバル化にともない，CSR のなかでもとくに，環境（Environment），社会（Social），企業統治（Governance）で構成される ESG への関心が高まっています。**ESG 投資**とは，投資家が売上や利益などの財務情報や企業統治などの企業内部の取り組みだけでなく，広く社会に関係する問題の解決への企業の取り組みを考慮して投資を行うことです。近年，国際機関や各国政府により ESG 投資を後押しする動きがみられており，いまや企業が ESG を考慮した意思決定をするかどうかが企業価値を左右する要因にもなっています。

　また，消費者にもエシカル（倫理的な）消費と呼ばれる，これに似たような流れが広がってきています。**エシカル消費**とは，消費者が製品やサービスを選ぶ際に，企業の環境対策や調達方針など倫理的な要因を重視して行う消費行動のことをいいます。さらに，**フェアトレード**（公平貿易）と呼ばれる，発展途上国の生産者や労働者が公正な条件で取引できるように支援し，持続可能な発展を促進するための取り組みも進められています。具体的には，発展途上国でつくられた農作物や製品を適正な価格で継続的に取引することにより，生産者の労働環境や生活水準を保証し，かつ自然環境にも配慮した持続可能な取引のサイクルを支えることを意味します。

　表 11-2 は**持続可能性**に関する解決に取り組むべき課題について，企業が何を重視しているのかを主要業種ごとに記しています。どの業種においても，上位 3 位までに，労働を中心とした**人権問題**に関する項目があげられています。そして，4 位と 5 位については，あげられる項目が業種によって異なります。

表 11‑2　持続可能性に関して企業が重視している取り組み（業種別上位 5 位）

順位	製造業	物流・倉庫	小売業
1	児童労働	児童労働	児童労働
2	労働者福祉	労働者福祉	強制労働
3	強制労働	強制労働	労働者福祉
4	水資源管理	二酸化炭素排出	廃棄物処理
5	廃棄物処理	エネルギー管理	二酸化炭素排出

出所：MIT Center for Transportation & Logistics and Council of Supply Chain Management Professionals［2020］。

とりわけ物流・倉庫では，二酸化炭素（CO_2）排出とエネルギー管理といった地球環境問題に関係が深い項目に対する関心が他業種よりも高くなっています。なお，すべての業種で関心が高い人権問題については，本章第 3 節で詳細に説明します。

1.2　国際目標としての SDGs

　国連が 2015 年に採択した持続可能な開発目標（Sustainable Development Goals: **SDGs**）は，2030 年までに貧困をなくし，地球上の誰もが平等で持続可能な未来を享受できるようにするためのグローバルな目標体系です。持続可能な開発に向けて，社会・経済・環境の側面から定められた 17 個の目標によって成り立っています。目標には図 11‑1 のような項目があげられており，貧困や環境，エネルギー，国際平和，ジェンダーなど，世界が抱える多くの課題についてどのように解決をめざしていくべきかが定義されています。各目標には，複数のターゲットと指標が設定されており，より具体的な取り組みへの指針となっています。

　SDGs は，発展途上国だけでなく，すべての国とその関係者が責任をもって目標達成に向けて取り組むことを求めています。政府，民間企業，市民社会，国際機関などが協力し，連携して SDGs の実現に向けた行動を起こすことが重要です。SDGs によって，企業は SDGs をもとにした活動を行い，SDGs と自社事業の関連性について報告書で言及するなど積極的な情報発信をするようになりました。また，世界が直面する社会課題を網羅している SDGs の目標やターゲットに対して企業がその解決策を模索することで，イノベーションの創出を促進し，行動を広げていく可能性をもっています。

図 11 - 1　SDGs の 17 の目標

2　サプライチェーンと SDGs の関連性

　企業は，製品やサービスの供給に関し，原料調達・製造・物流・販売・廃棄などのサプライチェーンの各構成要素において，環境と社会に何らかの負荷をかけています。サプライチェーンと SDGs の目標との関連性については，サプライチェーンの構成要素である「a．企画・設計」「b．調達」「c．生産・製造」「d．輸送・販売」「e．消費・廃棄」とともに，各構成要素にまたがる「f．横断的取り組み」の 6 つの活動を対象として表 11 - 3 のようにまとめられます。とくに，「f．横断的取り組み」では，各構成要素が各々で取り組むことは難しく，複数の段階が協力してサプライチェーン全体で解決に取り組まなければならない課題があげられています。各活動での SDGs への取り組みについて，表 11 - 3 を縦方向に読むと，「b．調達」において対応する目標が多いこと，「f．横断的取り組み」も同様に重要であることがわかります。一方，SDGs 目標からみた各活動への対応関係について，表 11 - 3 を横方向に読むと，「目標 12：つくる責任 つかう責任」「目標 9：産業と技術革新の基盤をつくろう」に対応する活動が多いことがわかります。

　以下では，サプライチェーンの各段階における具体的な対応について紹介します。なお，大カッコ内は，対応する SDGs 目標を示しています。

表 11-3　サプライチェーンと SDGs の関連性

	内　容	a. 企画・設計	b. 調達	c. 生産・製造	d. 輸送・販売	e. 消費・廃棄	f. 横断的取り組み
1	貧困をなくそう						○
2	飢餓をゼロに		○				○
3	すべての人に健康と福祉を	○			○		
4	質の高い教育をみんなに						○
5	ジェンダー平等を実現しよう						○
6	安全な水とトイレを世界中に	○		○		○	
7	エネルギーをみんなに，そしてクリーンに		○	○	○		○
8	働きがいも経済成長も		○				
9	産業と技術革新の基盤をつくろう		○	○	○	○	○
10	人や国の不平等をなくそう						○
11	住み続けられるまちづくりを		○	○		○	
12	つくる責任　つかう責任	○		○	○	○	○
13	気候変動に具体的な対策を						○
14	海の豊かさを守ろう		○				
15	陸の豊かさも守ろう		○				○
16	平和と公正をすべての人に		○				○
17	パートナーシップで目標を達成しよう		○				

出所：環境省［2020］をもとに筆者作成。

a.　企画・設計

- ・包装：梱包材の重量やサイズの削減［目標 12］，リサイクル可能率と循環性の最大設計［目標 12］
- ・設計：製品ライフサイクルを考慮した環境に配慮した設計［目標 3］，消費者の健康に配慮した設計［目標 3］，製品自体の重量やサイズの削減［目標 6，12］，リサイクル可能率と循環性を考慮した設計への対応［目標 6，12］

b.　調　達

- ・原材料および部品：より持続可能な代替案の検討［目標 12］，資源開発における No Net Loss（人間の活動による環境への影響を最小限に抑え，できる限り自然資源や生態系の損失を防ぐことをめざすこと）［目標 7，9，14，15］
- ・サプライヤーとの関係：サプライヤーの管理体制の構築と支援・育成［目

標2, 8, 12, 16, 17], 地域における小規模サプライヤーからの供給［目標2, 9, 11］, 持続可能なサプライヤーからの供給［目標2, 9, 11, 12］

c. 生産・製造

- 生産拠点：持続可能性を基準とした立地決定［目標9, 11］
- 生産工程：エネルギーや水の使用量と二酸化炭素排出量の削減［目標6, 7, 9, 11］, 廃棄物管理の一元化と最適化［目標9, 11, 12］

d. 輸送・販売

- 革新的な流通経路：ドロップ・シッピング販売（ECサイト上で商品を購入した際にメーカーや卸売業者から直接購入者に発送されるビジネスモデル）［目標9］, より消費者に近い小売業者による開発と支援・育成［目標9］
- 輸送に使用する車両：ゼロエミッション車のような革新的な車両技術［目標3, 9］, 代替燃料の使用［目標7, 12］
- 物流網と倉庫：分散型流通ネットワークの検討［目標9］, スマートでグリーンな建物の整備［目標9］, 設備と輸送のネットワークの共有［目標9］
- 輸送計画と実行：輸送計画の最適化（車両の積載率向上などの高度利用や走行距離の短縮など）［目標9］, より持続可能な輸送形態の使用（船舶や鉄道のような複数の輸送機関を用いて積み替えなしで輸送するインターモーダル輸送など）［目標9］, サプライチェーンの短縮（b. 調達においても同様）［目標9］

e. 消費・廃棄

- 処分：製品の環境に配慮した処分の実施とその支援［目標11］
- 人間活動にともなうモノの動きや流れであるマテリアルフローの循環：資源のリサイクル［目標9, 11, 12］, 資源の再利用［目標6, 9, 11, 12］

f. 横断的取り組み

- 技術面：サプライチェーンの可視化と改善（データの有効性と分析）［目標6, 7, 9, 12］, 製品の流通経路を原材料の生産段階から最終消費段階または廃棄段階まで追跡可能な状態にするトレーサビリティにおける技術の適用［目標9］
- 労働基準：公正な賃金と労働者権限の実行［目標1, 2, 4, 5, 8, 10, 16］, 高い環境・健康・安全基準の策定［目標8］
- 金融面の投融資：責任投資や環境格付融資, 自然資本（生物多様性）の価値評価［目標1, 2, 7, 8, 13, 15］

表 11 - 4　持続可能な調達アクションプログラム

分　類	チェックリストの項目
企業情報	基本情報，報告書の発行状況など
自社のグリーン購入の取り組み	グリーン購入の取り組み状況
自社の環境面・社会面の取り組み	法令遵守，環境への取り組み状況，人権・労働など，公正取引・倫理，情報セキュリティなど
自社の製品・サービスに関する環境面・社会面の取り組み	環境ラベルの取得状況，環境配慮設計，製品・サービスの原材料など
サプライチェーンへの取り組み	サプライヤーへの確認など

出所：グリーン購入ネットワークウェブサイトをもとに筆者作成。

　近年は，グローバル企業を中心に，調達を含めた取引先の選定や購入の基準として，環境負荷の低さを考慮した「グリーン購入」が取り入れられつつあります。これは，企業における調達の基準が，従来のコスト面のみならず，持続可能性も考慮した基準へと変化していることを意味しています。このように，自社だけではなく取引先も含めたサプライチェーン全体で持続可能な調達や購入に取り組んでいく必要があります。

　持続可能な社会経済への寄与をめざすグリーン購入の促進や普及啓発を行うための持続可能な調達に向けたアクションプログラムが複数あります。その1つが，企業・行政・民間団体で構成されたグリーン購入ネットワーク（Green Purchasing Network: GPN）です。GPN は，グリーン購入が環境配慮型製品の市場形成に重要な役割を果たし，また市場を通じて環境配慮型製品の開発を促進し，ひいては持続可能な社会の構築に資することを目的に，1996 年に設立されました。そして，資源採取から廃棄までの製品ライフサイクルにおける多様な環境面や社会面の影響を考慮するため，GPN により「グリーン購入基本原則」が提唱されています。この原則では，有害化学物質などの削減，省資源・省エネルギー，天然資源の持続可能な利用，長期使用性，再使用可能性，リサイクル可能性，再生材料などの利用，処理・処分の容易性，購入に際する社会面の影響に配慮することが掲げられています。

　さらに，GPN が提唱する「持続可能な調達アクションプログラム」では，表11 - 4 のようなチェック項目をもとにして，自社や自社製品・サービスを環境面のみならず，社会面の取り組みやサプライヤーへの確認状況などの側面から評価します。こうして，自社の環境・社会面の取り組みを客観的に評価できるとともに，自社の課題を明確にできるなどのメリットがあります。

3 人権問題に対する取り組み

3.1 「ビジネスと人権」に対する国際的取り組み

経済のグローバル化にともない，国際的に劣悪な労働環境が注目を集めたことから，企業活動における人権の尊重に関心が高まっています。国連人権理事会により2011年に承認された「ビジネスと人権に関する指導原則」では，ビジネスと人権の関係を，「人権を保護する国家の義務」「人権を尊重する企業の責任」「救済へのアクセス」の3つの柱に分類し，被害者が効果的な救済にアクセスできるメカニズムの重要性を強調しています。このうち，企業の責任としては，人権方針の策定や苦情処理メカニズムの設置などとともに，法務や環境対応といったさまざまな観点から企業を調査するデュー・ディリジェンス（Due Diligence: DD）の実施が求められています。そのなかで，自社のみならず，原材料の**調達先**まで含めて人権侵害の有無を確認する「人権DD」を実施することが重要とされています。さらに，各国に対し国別行動計画（National Action Plan: NAP）の策定が推奨されています。

このような国際的な議論の深まりとともに，欧州諸国を中心に国内法の制定が進められています。各国で共通して取り組まれていることは，①自社の事業活動における人権侵害リスクの洗い出しを行う，②サプライチェーン上の人権侵害については，少なくとも1次サプライヤーについて監査を行う，などを実施して人権侵害の防止に努める，といった対応です。

3.2 日本における取り組み

日本では国際標準を踏まえて，日本政府の関係府省庁連絡会議によって「『ビジネスと人権』に関する行動計画（2020-2025）」が2020年に策定されました。ここでの国際標準とは，国連による指導原則，経済協力開発機構（OECD）による多国籍企業行動指針，国際労働機関（ILO）による多国籍企業宣言などをさします。この計画により，日本企業において責任ある企業活動の促進を図り，国際社会を含む社会全体の人権の保護・促進に貢献し，日本企業の信頼・評価を高め，国際的な競争力および持続可能性の確保・向上に寄与することが期待されています。

この計画では，複数の観点から横断的に取り組むことが適切と考えられる横

表 11 - 5 「ビジネスと人権」に関する行動計画（抜粋）

横断的事項	労働（働きがいのある人間らしい仕事の促進など）
	子どもの権利の保護・促進（児童労働撤廃など）
	新しい技術の発展にともなう人権（インターネットや人工知能など）
	消費者の権利・役割（エシカル消費など）
	法の下の平等（障害者，女性，性的指向・性自認など）
人権を保護する国家の義務	公共調達における「ビジネスと人権」関連の調達ルールの徹底
	開発協力・開発金融（環境社会配慮など）
	国際的な交流の場における「ビジネスと人権」の推進・拡大
	人権教育・啓発（研修やセミナーの実施など）
人権を尊重する企業の責任	国内外のサプライチェーンにおける取り組みおよび国連指導原則に基づく人権 DD の促進（行動計画等の周知や啓発など）
	中小企業における「ビジネスと人権」への取り組みに対する支援（取引条件・取引慣行改善など）
救済へのアクセス	司法的救済および非司法的救済（人権侵害の予防，被害の救済など）

出所：外務省［2020］をもとに筆者作成。

断的事項とともに，国連指導原則における企業と人権との関係に関する３つの柱（人権を保護する国家の義務，人権を尊重する企業の責任，救済へのアクセス）を踏まえ，表 11 - 5 のような項目があげられています。その１つとして，規模，業種などにかかわらず，人権 DD のプロセスを導入することが期待されています。今後は国際協調により，企業が公平な競争条件のもとで積極的に人権尊重に取り組める環境の実現に向け取り組んでいくこととしています。

そして，企業による人権尊重の取り組みをさらに促進すべく，日本政府によって「責任あるサプライチェーン等における人権尊重のためのガイドライン」が 2022 年 9 月に策定されました。企業に求められる人権尊重の取り組みについて，日本で事業活動を行う企業の実態に即して，具体的かつわかりやすく解説し，企業の理解の深化を助け，その取り組みを促進することを目的としています。企業による人権尊重の取り組みは，国連指導原則との対応を含めてまとめられています。

SDGs では，目標 8 で「働きがいも経済成長も」と設定しているように，強制労働や児童労働，人身売買などの人権侵害をともなう奴隷状態で労働を強いられている人々がいる現状を終わらせることを目標としています。表 11 - 2 にあるように，企業にとっても人権リスクへの意識は非常に高いといえます。人権侵害をともなう労働環境下で生産・調達された原材料や製品などの使用や購

　ソニーグループ株式会社のサプライチェーンにおける人権問題に対する取り組みを紹介します。同社では，1980 年代に人権擁護室を設置するなどの対応を進めたうえで，2003 年に全社員に対し周知が徹底されている最重要規範の「ソニーグループ行動規範」において，人権へのコミットメントを表明しています。

　人権 DD に関して，電子機器製品のサプライチェーン全般に対する人権問題を改善するべく，RBA（Responsible Business Alliance，旧名 EICC）が 2004 年に設立されました。なお，ソニーグループも RBA に設立メンバーとして同年に加盟しています。そして，世界人権宣言などの国際基準に基づき，加盟企業が遵守すべき環境・社会基準などを「RBA 行動規範」として定めました。RBA 行動規範では，労働環境下における人権問題に対して，表のように広範な確認項目を設けています。

　ソニーグループは，RBA 行動規範を踏まえてビジネスモデルやステークホルダーとの接点なども考慮したうえでリスクをマッピングした結果，相対的に電子機器製品のサプライチェーンに関連する人権リスクが高いということが確認されました。そこで，グループ全体でのリスク・アセスメントの結果に基づき，電子機器製品のサプライチェーンを対象に，RBA 行動規範を踏まえた「ソニーサプライチェーン行動規範」を策定しました。そして，1 次サプライヤーを対象として，図のようなサプライヤー・アセスメントと呼ばれる，地域や取引金額などを考慮したリスク評価を実施し，高リスクであると判断されたサプライヤーには訪問監査を実施しています。

表　RBA 行動規範の概要

項　　目	内　　容
労　働	雇用の自由選択，若年労働者，労働時間，賃金および福利厚生，人道的待遇，差別／ハラスメントの排除，結社の自由
安全衛生	職務上の安全，緊急時の備え，労働災害および疾病，産業衛生，身体に負荷のかかる作業，機械の安全対策，衛生設備・食事および住居，安全衛生のコミュニケーション
環　境	環境許可と報告，汚染防止と資源削減，有害物質，固形廃棄物，大気への排出，物質の制限，水の管理，エネルギー消費および温室効果ガスの排出
倫　理	ビジネスインテグリティ（誠実性），不適切な利益の排除，情報の開示，知的財産，公正なビジネス・広告および競争，身元の保護と報復の禁止，責任ある鉱物調達，プライバシー
管理システム	企業のコミットメント，経営者の説明責任と責任，法的および顧客の要求事項，リスク評価とリスク管理，改善目標，トレーニング，コミュニケーション，労働者のフィードバック・参加・苦情，監査および評価，是正措置プロセス，文書化と記録，サプライヤーの責任

出所：ソニーグループ株式会社 [2021] をもとに筆者作成。

図　ソニーグループにおけるサプライヤー・アセスメントの全体像

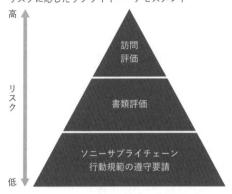

リスクに応じたサプライヤー・アセスメント

出所：ソニーグループ株式会社［2021］をもとに筆者作成。

入などに関与することは，大きなリスクをともなうことに注意する必要があります。とくに，水平分業の進捗にともない国際的に拡大しているサプライチェーンにおいて，人権リスクの高い国・地域内での生産や調達を検討する際には，経済的合理性のみならず，自社とともに取引先やサプライヤーの人権リスクへの対応状況も考慮する必要があります。

◆レビュー・クエスチョン
　1　企業の ESG に対する取り組みを評価するために，消費者としてできることについて説明しなさい。
　2　サプライチェーンと SDGs の目標との関連性について，具体的な企業の事例をもとに説明しなさい。
　3　ビジネスと人権の課題に対して，グローバルな製造企業が人権リスクの高い国・地域内における生産や調達を検討する際に注意すべき点について説明しなさい。

〈引用・参考文献〉
外務省［2020］「『ビジネスと人権』に関する行動計画（2020-2025）」
外務省［2021］「『ビジネスと人権』に関する取組事例集――『ビジネスと人権の指導原則』に基づく取組の浸透・定着に向けて」
環境省［2020］「すべての企業が持続的に発展するために――持続可能な開発目標

（SDGs）活用ガイド（第 2 版）」

グリーン購入ネットワーク（https://www.gpn.jp/）（2023 年 4 月 19 日アクセス）

経済産業省［2021］『通商白書 2021』

経済産業省［2022］『通商白書 2022』

ソニーグループ株式会社［2021］「ソニーサプライチェーン行動規範 第 3.2 版」
（https://www.sony.com/ja/SonyInfo/csr_report/sourcing/Sony_Supply_Chain_
CoC_J.pdf?j-short=ja_SonyInfo_csr_report_sourcing_Sony_Supply_Chain_CoC_3.0_
J.pdf）

MIT Center for Transportation & Logistics and Council of Supply Chain Manage-
ment Professionals［2020］"State of Supply Chain Sustainability, 2020."

国際連合広報センター「持続可能な開発目標」（https://www.unic.or.jp/activities/
economic_social_development/sustainable_development/sustainable_
development_goals）（2023 年 8 月 31 日アクセス）

フェアトレード・ジャパン（https://www.fairtrade-jp.org/）（2023 年 4 月 18 日アク
セス）

第12章
GSCM と地球環境問題

学習の目的

☐ サプライチェーン全体での温室効果ガスの排出削減に向けた，2050年までのカーボン・ニュートラルの実現へのグローバル規模のさまざまな取り組みを学びます。

☐ 原材料調達，製造，物流，販売，廃棄など GSC から発生するサプライチェーン排出量を用いた環境影響評価の方法を概観します。

Keywords ———
脱炭素，カーボン・ニュートラル，地球環境問題，グリーン・トランスフォーメーション，ライフサイクル・アセスメント，カーボン・フットプリント，サプライチェーン排出量，スコープ3

1　企業活動と地球環境問題

1.1　地球環境問題の現状

　近年，地球規模で気候変動にともなう環境の変化がみられており，自然生態系や水環境・水資源への深刻な影響とともに，自然災害が激甚化・頻発化してきています。気候変動を防ぐためには，原因となる温室効果ガス（Greenhouse Gas: GHG）の排出削減を進める必要があります。温室効果ガスは，地球の大気中に存在し，太陽からの熱を一部吸収し，地球の表面温度を上昇させる効果をもっています。温室効果ガスの大部分を占める二酸化炭素（CO_2）は，石油や石炭，天然ガスなどの化石燃料に含まれる炭素（カーボン）が燃やされることで発生します。しかし，多くの社会経済活動において化石燃料が用いられており，温室効果ガスの排出削減を進めるためには地球規模での取り組みが必要で

表 12 - 1　地球環境問題に対する取り組み

項　目	内　容
低炭素	気候変動の最たる原因である CO_2 の排出量を削減すること
脱炭素	CO_2 の排出量を完全にゼロとすること
カーボン・ニュートラル	CO_2 の排出量を実質ゼロとすること（経済活動による CO_2 の排出量と植物の光合成による CO_2 の吸収量が均衡する状態）
カーボン・ネガティブ	CO_2 の排出量を上回る CO_2 を大気中から吸収すること

出所：平田・松田・渡部［2022］をもとに筆者作成。

す。取り組みの例として，表 12 - 1 のように，低炭素化や**脱炭素化，カーボン・ニュートラル**やカーボン・ネガティブなどがあげられます。脱炭素社会をめざすために，CO_2 の削減を手助けする森林や海洋環境の保全などの活動を通じた対策も進められています。

1.2　気候変動対策への取り組み

　気候変動対策は世界的な課題であり，国際的な協力を通じて気候変動への緩和・適応策の推進が求められています。世界的な気候変動対策は，国連の全加盟国が締結・参加している国連気候変動枠組条約（United Nations Framework Convention on Climate Change: UNFCCC）に基づいて取り組まれており，大気中の温室効果ガス濃度の安定化が最終的な目標として掲げられています。1995 年からは国連気候変動枠組条約締約国会議（Conference of the Parties: COP）が毎年開催されており，温室効果ガスの排出削減に向けた実効的な議論によりさまざまな国際的な枠組みが採択されてきました。具体的には，COP3（1997 年開催）では 2020 年までの排出削減の枠組みである「京都議定書」，COP21（2015 年開催）では 20 年以降の新たな枠組みである「パリ協定」が採択されました。京都議定書はおもに先進国に排出削減目標を課す一方，パリ協定は全加盟国に自主的な貢献目標の設定を求め，世界の平均気温を産業革命以前に比べて 1.5℃ 以内の上昇に抑えるという長期目標が定められました。このように世界各国が気候変動への危機感をもちはじめ，2050 年近辺までのカーボン・ニュートラルの実現に向けて，気候変動対策に対して本腰を入れて取り組むようになってきました。

　日本においては，京都議定書の採択を契機として，温室効果ガス排出量の削減に向けて表 12 - 2 のような部門ごとに目標値を定め，それを達成するための

表 12 - 2　温室効果ガスの排出源に関する産業分類

起　源	部　門	含まれるおもな産業
エネルギー起源	産業部門	鉄鋼，化学工業，機械製造業，食品飲料製造など
	運輸部門	自動車（旅客，貨物），船舶，航空，鉄道など
	業務その他部門	卸売業・小売業，宿泊・飲食サービス業，医療福祉など
	家庭部門	照明・家電製品ほか，給湯，暖房など
	エネルギー転換部門	事業者用発電，石油製品製造など
非エネルギー起源		工業プロセスおよび製品の使用，廃棄物など

出所：環境省・国立環境研究所［2022］をもとに筆者作成。

各種対策を進めてきました。たとえば，2050 年までにカーボン・ニュートラル，脱炭素社会を実現するため，「2050 年カーボンニュートラルに伴うグリーン成長戦略」を策定しました。これは，エネルギー関連産業や輸送・製造関連産業，家庭・オフィス関連産業における 14 の重要分野ごとに目標，課題，今後の取り組み，予算，規制改革などあらゆる政策が盛り込まれた実行計画です。

　企業が行う多くの事業活動は地球環境に何らかの影響を与えているため，企業が地球環境を意識した取り組みを行うことは企業活動を持続可能なものとするうえで不可欠です。企業にとって，**地球環境問題**はリスク要因であると同時に，他社との差別化を図りビジネスチャンスにつなげる機会でもあります。そして，企業は事業活動が地球環境に与える影響についての潜在的なリスクを把握したうえで，環境への負荷軽減に向けた目標設定とその対策を実施することが求められています。そのため，自社だけでなく，サプライチェーン（SC）全体での取り組みに向けた情報開示を行うことが重要です。

1.3　グリーン・トランスフォーメーションの取り組み

　日本における 2020 年の CO_2 の総排出量は，図 12 - 1 のように 10.4 億トンとなっています。CO_2 の排出源について，部門別では産業部門が最も多く約 3 割を占めており，運輸，業務その他，家庭の各部門が大きな割合を占めています。このように，私たちの現在の暮らしは，CO_2 の排出によって成り立っているといえます。

　グリーン・トランスフォーメーションとは，気候変動対策を目的として低炭素社会への移行を促進する取り組みをさします。具体的には，再生可能エネルギーの導入や省エネルギー・省資源化の推進，持続可能な交通・都市計画の実

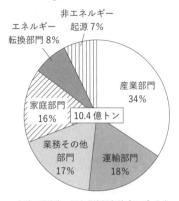

図 12‐1　日本の CO_2 排出量（2020 年，電気・熱配分後）

出所：環境省・国立環境研究所［2022］をもとに筆者作成。

現，森林保護や土壌再生などの自然環境保全，クリーン・テクノロジーの開発など，幅広い領域での技術・政策・社会的な変革が求められます。グリーン・トランスフォーメーションは，地球規模での気候変動問題に対する解決策の１つとして注目されており，国際的な合意や枠組みに基づいて取り組みが進められています。

1.4　サプライチェーンにおける企業の対応

　2015 年に採択されたパリ協定を契機に，各種の国際的な枠組みに参加し，温室効果ガス排出量を開示し，削減目標を設定する企業が増えています。たとえば，CDP（Carbon Disclosure Project）のサプライチェーン・プログラムや SBTi（Science Based Targets initiative）に参加し，世界の大手購買組織を通じて調達先への気候変動関連情報の開示を求めたり，温室効果ガスの削減目標を示し認定を受けるなどの取り組みを行っています。

　気候変動対策に積極的に取り組んでいる先進的なグローバル企業では，サプライチェーン全体の脱炭素化に向け，表 12‐3 のように自主的な取り組みを講じています。これらの事例から，先進的な気候変動対策を行う企業の特徴として２点を指摘できます。第１に，ユニリーバやマイクロソフトのように，中長期目標としてカーボン・ニュートラルにとどまらず，カーボン・ネガティブをめざしていることです。第２に，小さな成功モデルの地道な積み上げによる目標の達成をめざしていることです。小さな成功モデルにおいては，最初に自社

表12‑3　グローバル企業の気候変動対応に向けた目標と取り組み

企　業	分野, 本拠地	中期目標（2030年まで）	長期目標（2050年まで）
ユニリーバ	食品・日用品, イギリス	カーボン・ニュートラル	サプライチェーン全体でカーボン・ネガティブ（2039年まで）
アップル	テクノロジー, アメリカ	サプライチェーン全体でカーボン・ニュートラル	-
マイクロソフト	テクノロジー, アメリカ	カーボン・ネガティブ	サプライチェーン全体で過去排出分を完全に排除
ダノン	食品, フランス	-	サプライチェーン全体でカーボン・ニュートラル
スターバックス	コーヒーチェーン, アメリカ	サプライチェーン全体で排出量を半減	-

出所：古川［2021］をもとに筆者作成。

やサプライヤーのCO_2排出の現状を把握したうえで，設定した目標達成のために優先的に取り組む項目を決定します。そして，その取り組みの進捗を可視化し，そこから得られた経験やノウハウを社内外に共有することで，他の分野や領域にも適用したり新たな成功体験の積み上げをめざします。

　その際，多くのグローバル企業にとって課題となるのが，排出割合のほとんどを占める協力企業などのCO_2の排出を削減することです。とくに，中小企業の排出削減に向けた取り組みが遅れていることから，グローバル企業は中小企業を含めたサプライチェーン全体での排出削減に積極的に関与しはじめています。

2　サプライチェーン排出量

2.1　サプライチェーン排出量とは

　製品を対象として原材料調達・製造・物流・販売・廃棄までのすべて段階における温室効果ガス排出量を評価することを，**ライフサイクル・アセスメント**（Life Cycle Assessment: LCA）といいます。一方，商品やサービスの原材料調達から廃棄・リサイクルに至るまでのライフサイクル全体を通して，排出される温室効果ガスの排出量をCO_2に換算して商品やサービスにわかりやすく表示する仕組みである**カーボン・フットプリント**（Carbon Footprint of Products: CFP）にも注目が集まっています。

CFP は，製品単位での原材料調達・製造・物流・販売・廃棄に至るまでの
ライフサイクル全体を通して排出される温室効果ガスを対象としていることか
ら，製品の LCA に含まれます。そして，原材料調達・製造・物流・販売・廃
棄など，一連の流れ全体であるサプライチェーンから発生する温室効果ガス排
出量を，「**サプライチェーン排出量**」と呼びます。サプライチェーン排出量は，
組織のサプライチェーン上の活動にともなう排出量を算定対象とすることから，
組織の LCA とも呼ばれます。

　このように組織を対象とすることで，企業活動全体を管理することにもつな
がるため，企業の環境経営指標としてサプライチェーン排出量が使用されてい
ます。サプライチェーン排出量を算定するメリットは，削減対象の特定，環境
経営指標への活用，他事業者との連携による削減，削減貢献量の評価などであ
り，環境負荷の側面だけではなく，企業の経営やリスクの側面からも重要です。

2.2　サプライチェーン排出量の分類

　近年，企業はサプライチェーン上の温室効果ガス排出量の把握，情報開示を
積極的に進めています。このような枠組みにおいて，企業の排出量の算定・報
告基準の1つとして採用されているのが，GHG プロトコル基準（GHG Protocol
Corporate Accounting and Reporting Standard）です。プロトコルとは規定や手順
を意味します。世界資源研究所（WRI）と持続可能な開発のための世界経済人
会議（WBCSD）が共催した組織である GHG プロトコルは，企業向けの温室効
果ガス排出量の算定・報告のための国際的な民間標準として 2011 年 11 月に発
効しました。この基準においては，サプライチェーンにおける温室効果ガスの
排出量は図 12 - 2 のように，自社での燃料の燃焼や工業プロセスなどによる直
接排出（スコープ1），他社から供給された電気・熱の使用にともなう間接排出
（スコープ2），部品調達先などサプライチェーン全体におけるその他の間接排
出（**スコープ3**）の3つで構成されています。つまり，事業者自らの排出だけ
でなく，原材料調達，製造，物流，販売，廃棄などの一連の事業活動の流れか
ら発生する温室効果ガスが当該企業のサプライチェーン全体から発生する排出
量になります。

　最終製品におけるスコープ3の排出量は，スコープ1とスコープ2を合わせ
た排出量の3倍以上を占めるとの試算もあり，スコープ3を管理する重要性が
指摘されています。このように，世界の温室効果ガスの排出量のうち，最終製

図12‑2　企業活動による温室効果ガス排出

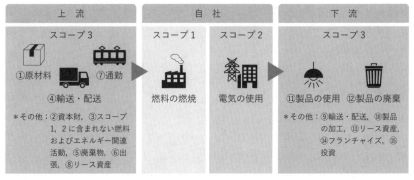

出所：環境省ウェブサイト。

品の製造過程で排出されるのはごく一部であり，ほとんどが中間財の製造・取引過程を含めたサプライチェーン上で発生していることがわかります。そのため，今後は，温室効果ガスの削減目標に沿った形でのサプライチェーンの見直しや調達先に対する再生可能エネルギーの利用促進が加速する可能性があります。取り組みが不十分な場合には，カーボン・プライシングなどの排出規制の枠組み整備が進むなかでコスト増加や企業の評判低下につながるリスクがあります。

2.3　サプライチェーン排出量の把握

　サプライチェーン排出量の把握・管理を効果的に行うためには，サプライヤーと連携し，サプライチェーンの各段階における排出量を収集・算定することが重要です。サプライチェーンの段階は，表12‑4のように自社（スコープ1と2）とその他の間接排出（スコープ3）に分類され，さらにスコープ3では上流・下流で15のカテゴリに分類されています。なお，スコープ3の排出量は，必ず他者のスコープ1の排出量に該当するために，同じ排出源を複数の企業のサプライチェーンの上流側と下流側でとらえるなど，重複する可能性があります。

2.4　サプライチェーン排出量の算定方法

　表12‑4のようにサプライチェーン排出量の算定対象範囲は非常に広いため，体系的にサプライチェーンの段階ごとに排出量を把握することが重要です。こ

表 12 - 4　サプライチェーン排出量のカテゴリ（概略）

区　分			カテゴリ	算定対象
自社の排出（スコープ1，スコープ2）			直接排出	自社での燃料の使用や工業プロセスによる直接排出（スコープ1）
			エネルギー起源の間接排出	自社が購入した電気・熱の使用にともなう間接排出（スコープ2）
その他の間接排出（スコープ3）	上流	1	購入した製品・サービス	原材料・部品，仕入商品・販売にかかわる資材などが製造されるまでの活動にともなう排出
		2	資本財	自社の資本財の建設・製造にともなう排出
		3	燃料およびエネルギー関連活動	燃料の調達，電気や熱などの発電などに必要な燃料の調達にともなう排出
		4	輸送，配送（上流）	自社への物流にともなう排出（製品・サービスのサプライヤー，その他）
		5	事業から出る廃棄物	自社で発生した廃棄物の輸送，処理にともなう排出
		6	出張	従業員の出張にともなう排出
		7	雇用者の通勤	従業員が事業所に通勤する際の移動にともなう排出
		8	リース資産（上流）	自社が賃借しているリース資産の操業にともなう排出
	下流	9	輸送，配送（下流）	自社が販売した製品の最終消費者までの物の移動にともなう排出
		10	販売した製品の加工	事業者による中間製品の加工にともなう排出
		11	販売した製品の使用	使用者（消費者・事業者）による製品の使用にともなう排出
		12	販売した製品の廃棄	使用者（消費者・事業者）による製品の廃棄時の処理にともなう排出
		13	リース資産（下流）	賃貸しているリース資産の運用にともなう排出
		14	フランチャイズ	フランチャイズ加盟者における排出
		15	投資	投資の運用に関連する排出
	その他（任意）			従業員や消費者の日常生活に関する排出など

出所：環境省・経産省［2022］をもとに筆者作成。

のため，サプライチェーン排出量の算定にあたっては，算定の対象範囲，用いたデータや算定方法などを明確にして，カテゴリごとに算定を行うことが期待されます。

　事業者がサプライチェーン排出量を把握する方法としては，おもに以下の2通りの方法があります。

　①関係する取引先から排出量の情報提供を受ける方法

　②「排出量＝活動量×排出原単位」という算定式を用いて算定する方法

　算出方法①は，排出量の正確な把握やサプライヤーと連携した排出量の管理という観点からは望ましいといえます。しかし，①のように取引先からのデー

表12-5　サプライチェーン排出量の算定式の構成

項目	定　義	データの入手方法	データの例
活動量	事業者の活動の規模に関する量	・社内の各種データや，文献データ，業界平均データ，製品の設計値など	・電気の使用量 ・貨物の輸送量 ・廃棄物の処理量
排出原単位	活動量当たりのCO_2排出量	・既存のデータベースから選択して使用する ・排出量を直接計測する方法や取引先から排出量の算定結果の提供を受ける	・電気1kWh使用当たりのCO_2排出量 ・貨物の輸送量1トンキロ当たりのCO_2排出量 ・廃棄物の焼却1トン当たりのCO_2排出量

出所：環境省［2017］をもとに筆者作成。

図12-3　サプライチェーン排出量（カテゴリ4）のシナリオ

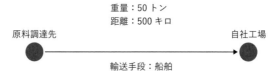

重量：50トン
距離：500キロ

原料調達先　　　　　　　　　　　　　　　　　　自社工場

輸送手段：船舶

出所：筆者作成。

タの入手が難しい場合は，表12-5のように活動量と排出原単位を求めたうえで，算定方法②により算定します。

　サプライチェーン排出量の算定例として，カテゴリ4の「輸送，配送（上流）」を対象に，国内における図12-3のようなシナリオについて計算を行います。まず，サプライチェーン排出量を把握する算定式としては，算定方法②「排出量＝活動量×排出原単位」を用います。活動量は，貨物の輸送量として「輸送トンキロ」を用います。輸送トンキロは貨物重量にそれが輸送された距離を掛けて算出されます（重量［トン］×距離［キロ］）。たとえば1トンの貨物が1キロメートル運ばれると1トンキロになります。排出原単位については，貨物の輸送量1トンキロ当たりのCO_2排出量として，「CO_2排出原単位（船舶）＝39［g-CO_2/トンキロ］」を用います。これは1トンキロ当たりの貨物が39グラム（g）のCO_2を排出するという意味です。例として，重量50トンの貨物を500キロ輸送した場合のCO_2排出量は，975キログラム（kg）となります。

$$排出量＝50［トン］×500［キロ］×39［g\text{-}CO_2/トンキロ］$$
$$＝975（kg\text{-}CO_2）$$

◢◣◤ Column 5　電機・電子業界における地球環境問題に対する取り組み ◢◣◤

　日本の CO_2 排出量において，図 12-1 のように産業部門からの排出割合が高いことから，電機・電子業界における取り組みを紹介します。電機・電子業界は，国内外問わず産業・業務・家庭・運輸からエネルギー転換（発電）に至るまで，あらゆる分野に製品・サービスを提供しています。各企業でも，気候変動対応にかかわる経営戦略の開示や脱炭素に向けた目標設定などの取り組みが進展しており，企業単体ではなくサプライチェーン全体での脱炭素化を進める動きが拡大しています。そこで，電機・電子業界では「気候変動対応長期ビジョン」を 2020 年に策定（22 年改定）しました。

　基本方針として，グローバル規模で電機・電子業界のサプライチェーン全体における温室効果ガスの排出を減らし，2050 年までにカーボン・ニュートラルの実現をめざすことを目標としています。具体的な取り組みとして，

①スコープ 1 と 2 について，省エネ化および再生可能エネルギーの導入によって，温室効果ガス排出量を最大限削減する。

②スコープ 3 について，サプライチェーンにおけるステークホルダーとの共創・協創と技術開発・イノベーションにより，温室効果ガス排出量を最大限削減する。

③炭素除去を含めたさまざまな手法を用いて，残った温室効果ガス排出量の相殺に努める。

④上記に加え，社会の各部門における脱炭素化に大きく貢献する。

ことを実施していくとしています。さらに，表のような社会課題の解決の視点で，電機・電子業界の各企業が有する多様な技術，取り組みが整理されています。

表　グリーン・トランスフォーメーションに向けた社会課題

社会の各部門		社会課題
グリーン電力供給	エネルギー転換	・発電のゼロエミッション化 ・発電設備等の高効率化 ・送配電系統の高度化・安定化
電力需要の高度化	産業（サプライチェーン）	・重電・産業機器の高効率化（省エネ） ・プロダクトオートメーション，モノづくりの高効率・最適化
	家庭	・快適で効率のよい暮らしの実現
	業務	・オフィスビルの ZEB（Zero Energy Building）化 ・新しい働き方の創造
	運輸・物流（モビリティ）	・輸送手段の脱炭素化 ・交通流の最適制御
持続可能な社会，まちづくり		

出所：電機・電子温暖化対策連絡会 [2022]。

表 12 - 6　サプライチェーン排出量の管理システム

システム	内　容
環境マネジメント・システム（管理体制）	・企業としての戦略・方針 ・環境負荷への定量的，定性的評価 ・PDCA（Plan：計画，Do：実行，Check：測定・評価，Action：対策・改善）の高度化と継続的改善 ・グローバル／サプライチェーンへの展開
情報管理システム（情報インフラ）	・サプライチェーンからのデータ収集や品質管理，分析 ・各国・地域，拠点ごとの基本情報，排出原単位等の蓄積やアップデート ・公的な報告や情報開示への全社共通データベース
調達プログラム（サプライヤー向けプログラム）	・環境／CSR 調達プログラムの策定とアップデート ・一次サプライヤーとの関係構築 ・統一ルール／基準の適用

出所：岩尾［2011］をもとに筆者作成。

2.5　サプライチェーン排出量の管理システム

　サプライチェーン排出量の管理システムについては，表 12 - 6 のように環境マネジメント・システム，情報管理システム，調達プログラムの３つのシステムから構成されています。まずは自社で管理システムを整備したうえで，グローバル展開のサプライチェーン全体へと拡張していくことが重要です。

　環境マネジメント・システムについては，最上位の戦略レベルに位置づけられていることから，サプライチェーン全体を対象とした管理体制の構築が重要です。そして，情報管理システムについては，サプライチェーン全体からの情報管理を行うことで，最新の情報をもとに排出量の算出において正確性と透明性を高めていくことが重要です。サプライヤー向けの調達プログラムについては，購買部門との連携を通じたルールづくりが重要です。

◆レビュー・クエスチョン

1　グローバル企業において，サプライチェーン全体での排出削減を積極的に進めていますが，比較的取り組みが進んでいない中小企業の排出削減を進めるにはどのような方法があるか説明しなさい。

2　サプライチェーン排出量について，環境省のガイドライン（環境省［2017］）などを参考にして，スコープ３を対象とした簡易な算定方法に基づき，各カテゴリの排出量を計算しなさい。

3　グリーン・トランスフォーメーションに向けた社会課題について，企業におけ

る具体的な取り組みの事例を調べなさい。

〈引用・参考文献〉
岩尾康史［2011］『企業戦略に活かす！ サプライチェーンのCO₂ 管理——「スコープ 3」のカーボンマネジメント』日刊工業新聞社
環境省［2017］「サプライチェーン排出量算定の考え方」
環境省・経済産業省［2021］「グリーン・バリューチェーンプラットフォーム」（http://www.env.go.jp/earth/ondanka/supply_chain/gvc/）（2023年 8 月 31 日アクセス）
環境省・経済産業省［2022］「サプライチェーンを通じた温室効果ガス排出量算定に関する基本ガイドライン（ver. 2.4）」
環境省・国立環境研究所［2022］「2020 年度（令和 2 年度）温室効果ガス排出量（確報値）について」
経済産業省［2021］『通商白書 2021』
電機・電子温暖化対策連絡会［2022］「電機・電子業界気候変動対応長期ビジョン改訂版」
内閣府［2021］『令和 3 年版 経済財政白書』
日本経済団体連合会［2022］「グリーントランスフォーメーション（GX）に向けて」
平田燕奈・松田琢磨・渡部大輔［2022］『新国際物流論——基礎から DX まで』晃洋書房
古川祐［2021］「サプライチェーンにおける排出削減の取り組み（前編）先進的グローバル企業，排出削減を急ぐ」（https://www.jetro.go.jp/biz/areareports/special/2021/0401/c89ca11e438d775c.html）（2023年 8 月 31 日アクセス）

索　引

グローバル・サプライチェーン・マネジメント入門

Introduction to Global Supply Chain Management

2024 年 4 月 25 日 初版第 1 刷発行

編　者　横田 一彦

発行者　江草 貞治

発行所　株式会社有斐閣

　　　　〒101-0051 東京都千代田区神田神保町 2-17

　　　　https://www.yuhikaku.co.jp/

印　刷　大日本法令印刷株式会社

製　本　牧製本印刷株式会社

装丁印刷　株式会社亨有堂印刷所

落丁・乱丁本はお取替えいたします。定価はカバーに表示してあります。